INHALT

APERITIF

Willkommen in der Berliner Nacht – und an den Bartresen: phänomenale Drinks, herausragende Gastgeber, sympathische Barteams, berauschende Gespräche

Noch nie hatte der kultivierte Schwips an der Spree so viele Aromen. Von filigran zubereiteten Cocktails und kreativen Handwerksbieren bis zu entdeckungsdurstigen Weinen. Berlin ist längst eine internationale kulinarische Metropole? Mag sein. Das aber auch und vor allem, weil ihr Geschmack eben nicht austauchbar ist. Und das an jedem der hier vorgestellten Adressen aufs Neue. Die herzliche Einladung, wunderbare Orte und ihre flüssigen Köstlichkeiten kennenzulernen, möchte dieses Buch aussprechen. Zu einer Reise durch die Nächte in Begleitung vortrefflicher Getränke und dem Hauch alkoholischer Inspiration für den Genuss und manchmal womöglich auch für den Rausch.

Kurz: Die Zeiten sind vorbei, als billige Spirituosen, künstliche Siruparomen und klebrige Sahnedrinks zur permanenten „Happy Hour" angeboten wurden. Thomas Pflanz, als langjähriger Gastgeber der Bar am Lützowplatz so etwas wie der Gründungsmythos der neueren Berliner Barkultur und gerade ganz neu mit seiner Hildegard Bar im Alten Westen am Start, bringt diese neue Trinkkultur auf den Punkt: „Die Leute wollen wieder schmecken." Also trifft man trifft sich, gern auch mal nur mit sich selbst, zum Trinken. Und nicht mehr nur für das Gesellige, das Gesellschaftliche oder eben den Rausch.

LOKALRUNDE

Also, wie schmeckt es denn nun, das zeitgenössische Berlin? Handwerklich, gartengrün und entschlossen regional. Lokale Obstbrände spielen eine Rolle, aber auch die typischen Status-Spirituosen werden inzwischen in und um Berlin destilliert. Adler Gin, Butterbird Rum aus Schlepzig oder Preussischer Whisky aus der Uckermark, um nur einige zu nennen. Vor allem aber sind findige Bartender unter die urbanen Landwirte gegangen. Christian Gentemann, Barchef in der Bar am Steinplatz, verwendet beispielsweise Rote Bete, um sie zusammen mit Minze und Ananas in ein herrliches Zusammenspiel zu bringen. Und im bereits als innovativste Bar der Republik umhergeraunten Velvet in Neukölln kommen die Techniken – und die Haltung – einer „brutal-lokalen" Küche in die Gläser. Sanddorn, Sauerampfer oder Hagebutten werden schon mal in den Kreuzberger Prinzessinnengärten geerntet und im bareigenen Labor zentrifugiert oder auf Niedrigtemperatur gegart. Als nächster Trend deuten sich derzeit die „No-Waste-Cocktails" an. Dabei vermeiden die Bartender möglichst, Reste der Zutaten wegzuwerfen. Aus Kernen werden Bitterstoffe ausgekocht, Nuss- und Fruchtschalen werden kandiert, eingelegt oder anderweitig verarbeitet.

Auch der Smoker kommt derzeit aufregend oft zum Einsatz. Das handliche Gerät erinnert an eine Kreuzung aus Föhn und Crème-brûlée-Brenner. Er erzeugt Dampf, der durch Zugabe beispielsweise von Holzchips aromatisiert wird. Der dadurch erzeugte Duft stimuliert und fasziniert die Nase, sobald der Drink serviert wird. Die Bryk Bar im Prenzlauer Berg entwickelte eine ausgefeilte Serie von Gin & Tonic Kreationen, die abschließend mit einem passenden würzigen oder kräuterigen Duft abgerundet werden. Ein flacher Stein versiegelt das Glas und der Gast erlebt die olfaktorische Zusatzkomponente, sobald er den Stein lüftet. Auch Fabian Buhtz, Barchef der Skybar in Lichtenberg, ist derart berau(s)cht: Sein Drink „Nebel der Stadt" fasziniert mit Rye Whiskey, IPA Biersirup, BBQ Bitters, Absinth und Rauch. Das Panorama seiner Bar im 14. Stock gewährt zuweilen sogar den namensgebenden Blick.

REVOLUTION DURCH DIE KÜCHENTÜR

Diese sehr internationale Facette des Genießertums hat endlich auch Deutschland erreicht. Die aufregenden Restauranteröffnungen der jüngsten Vergangenheit ließen es sich selten nehmen, einen Bartresen zu implementieren und einen versierten Barkeeper heranzuziehen. Küche und Tresen inspirieren sich gegenseitig. Zutaten, Arbeitstechniken und geschmackliche Abstimmung bereichern das Angebot ungemein.

Oder die Hotelbars: Lange Zeit waren sie buchstäblich flüchtige Orte, so genannt international, also austauschbar, in ihrem Stil und für Einheimische denkbar uninteressant. In der zugigen Lobby bereitete halbherziges Servicepersonal traurige Pflichtcocktails. Nun erkennen immer mehr Verantwortliche, dass eine Bar ein wichtiger Faktor für Ruf und Umsatz einer Herberge sein kann. Und wo wir schon bei der Hotellerie sind: Bartender von Weltruf reisen nach Berlin und absolvieren Gastschichten an den Tresen zwischen Westend und Ostkreuz. Auch der Ruf als Kreativbier-Hauptstadt Deutschlands schallt laut durch die Lande.

Aber: Pssst! Zuweilen gilt es auch zu flüstern. Geheimnisvolle Hinterzimmerbars, die in Anlehnung an die Prohibitionszeit „Speakeasy" genannten Flüsterkneipen, tauchen auch in Berlin hie und da auf. Wer sich als anspruchsvoller Trinker qualifiziert, bekommt die Anschrift dann auch gerne zugeflüstert. Distinktion, ja auch die wird hier und da gerührt oder geschüttelt.

In diesem Sinne: Die Reise durch die Barkultur endet niemals! Unaufgeregt, erwachsen, alkoholstark und köstlich – so hätte sich auch Ernest Hemingway seine Bars gewünscht. Für Besucher einer Stadt hatte der Schriftsteller stets den Rat: „Verschwende deine Zeit nicht mit Kirchen, Regierungsgebäuden oder Plätzen. Wenn du wirklich etwas über die Kultur herausfinden möchtest, verbringe die Nacht in den Bars." Auf geht's!

APERITIF

Welcome to the Berlin nightlife – and behind the bar counters: You'll find phenomenal drinks, excellent hosts, expert staff and intoxicating company

The cultivated bar scene around the Spree has never been so expressive – from precisely prepared cocktails and creative, hand-crafted beers to exotic wines. But hasn't Berlin been a hotspot in the international culinary atlas for some time now? Sure, but that's mainly because its tastes are truly inimitable – and each new address listed here proves that fact beyond a doubt. This book invites you on a journey to discover Berlin's most spectacular bars and their liquid riches. It's a voyage through the night accompanied by marvelous cocktails, not to mention a touch of alcoholic inspiration – both for pleasure and, undoubtedly, for the rush that follows.

In short, the era of cheap liquor, artificial flavourings, and syrupy cream cocktails served at eternal happy hours is coming to a close. Thomas Pflanz is something of a mythical figure in the new Berlin bar culture. The long-standing former host of the Bar am Lützowplatz and proud new proprietor of the Hildegard Bar in the Old West sums up this modern mindset: "People just want to be able to taste again." So they go out to bars together – and sometimes even alone – not to mingle, to hang out, or even to get a buzz, but just to drink.

A ROUND AT THE PUB

So how does this contemporary Berlin taste? Hand-made, garden green and distinctly regional. Local fruit brandies are a part of the mix, but classic spirits are now being distilled in and around Berlin as well: Adler Gin, Butterbird Rum from Schlepzig or Preussischer Whisky from the Uckermark region, just to name a few. Inventive bartenders have now found their way into the urban gardening scene. Christian Gentemann, owner of the Bar am Steinplatz, is going back to basics, mixing red beet with mint and pineapple to create ingenious new permutations. And the Velvet Bar in Neukölln, one of the country's most innovative bars, is bringing the techniques – and the attitude – of "brutal-local" cuisine to the glass as well. Sea buckthorn, sorrel and rose hip are harvested from the „Prinzessinnengärten" community garden in Kreuzberg and collected at the bar's in-house laboratory, where they are shot through the centrifuge or cooked low and slow. Another current trend seems to be the "no-waste cocktail". That means that the bartenders do their best to use every last bit of the ingredients. Seeds are used to make bitters, nut shells and fruit peels are candied, marinated or used in other ways.

Smokers are also cropping up in creative places. These handy devices are reminiscent of a cross between a blowdryer and a crème-brûlée torch. They create steam which is then flavoured by adding wood chips or other ingredients. The resulting aroma stimulates the sense of smell, making for a fascinating drink. Prenzlauer Berg's Bryk Bar has developed a unique series of gin and tonics that are finished off by adding a puff of spiced or herbed smoke before the drink is served. A flat stone is used to seal the glass, and when it is lifted, the extra olfactory component enhances the experience of the drinker. Fabian Buhtz, manager at the Skybar in Lichtenberg, is a smoke devotee himself. His drink of choice, „Nebel der Stadt" (City Fog), is a combination of rye whisky, IPA beer syrup, barbecue bitters, absinthe and smoke – and his bar's 14th-floor panorama certainly offers a view to match.

REVOLUTION BY THE KITCHEN

This highly international savoir vivre has finally reached Germany. New and exciting restaurants are opening all the time, and most new places are keen to develop integrated bar concepts and hire experienced bar staff for the job. Bar and kitchen work together in an inspirational symbiosis, sharing ingredients, techniques and flavours to elevate the entire menu.

Hotel bars are changing, too. For a long time, these served as dull, uninspiring places – one identical to the next – where locals would never think to chance a round. Inside, untrained lobby service staff would assemble pitiful, obligatory cocktails to order. But more and more hotel managers are beginning to realize that a bar can be an important factor in driving up the reputation – and revenue – of their establishment. And since we're on the topic of travel – renowned bartenders from around the world are now coming to Berlin to take on a guest shift or two at bars from Westend all the way to Ostkreuz. Berlin's reputation as a creative hotspot for beer has also been making the rounds.

Also – and let's keep our voices down for this next bit – secret backroom bars styled to resemble Prohibition era "speakeasies" are sometimes known to make an appearance in Berlin, too. Qualified aficionados may catch wind of an address from the right informant. But accolades never land long in one place – they too are shaken and stirred – and that means that the odyssey through Berlin's bar culture never ends.

Sophisticated, unruffled, delicious, and highly alcoholic – that's how Ernest Hemingway would have described the perfect bar as well. And to visitors to Germany's capital he would have lent the sound advice: "Don't bother with churches, government buildings or city squares. If you want to know about a culture, spend a night in its bars." So let's get started!

GESTERN AN DER BAR

Die Metropole ist durstig. Sie war es immer schon. Und auch, wenn sich Berlin wie kaum eine andere Stadt über die Jahrhunderte so fortwährend neu erfunden hat, blieb dieses doch beständig: Der Berliner und die Berlinerin mögen stets einen Drink in der Hand

Heutzutage blättert man in Stadtmagazinen und Zeitungen, scrollt durch Blogs, hört so von den spannendsten Berliner Locations und angesagtesten Hotspots und pilgert dementsprechend ins Grill Royal, zum Berghain, ins Nobelhart & Schmutzig oder in die Monkey Bar. Im 13. Jahrhundert gab es auch schon derartige Tipps von Insidern. In einer Chronik von 1288 jedenfalls verrät ein solcher einem Pilger folgenden Geheimtipp: „Die alten Weiber im Hospital zum Heiligen Geist brauen ein stark und gut Bier!"

Nun, das Bier muss tatsächlich wohlschmeckend und reichlich gewesen sein, denn ein halbes Jahrhundert später treten strenge Verordnungen in Kraft, und eine davon kann getrost als Vorläufer der späteren Polizeistunde angesehen werden: „Nach dem Schlag der letzten Glocke darf nicht mehr ausgeschenkt werden und nicht mehr auf der Straße getanzt werden!" Offensichtlich also wurde damals viel getanzt – und umso mehr ausgeschenkt. Und das Hochprozentige durfte dabei natürlich nicht fehlen. So begann eine Tradition des Destillierens in einer Region, die nun vorzugsweise auf die in der Mark Brandenburg verfügbaren Produkte und Zutaten zugriff. Regionalität – ein zeitloser Trend. Eng mit Berlin verbunden sind somit Kräuterlikör, Kartoffelschnaps, Bierbrand und Getreidekümmel. Später kamen weitere Traditionstropfen hinzu, Pfefferminzlikör, Fassbrause oder, bald schon eine buchstäbliche Berliner Marke, der Mampe Feinlikör. Zahlreiche Einwanderer aus Böhmen, Schlesien oder hugenottische Flüchtlinge aus Frankreich brachten zudem ihrerseits alte Rezepturen aus der Heimat mit, wenn sie nicht gar im damals kriegszerstörten und rückständigen Berlin des 17. Jahrhunderts so etwas wie eine kulinarische Kultur etablierten.

Die einst bedeutsame Rolle des Weines in Berlin ist heute nur noch auf den zweiten Blick wahrzunehmen. Straßennamen wie Weinmeisterstraße, Weinbergsweg oder Weinstraße verweisen darauf. Und im alten Wappen von Prenzlauer Berg dreht sich ein Mühlrad um eine Hopfendolde – und eine Weinrispe. Doch im 18. Jahrhundert, zur der Zeit Friedrichs II., veränderte sich die Stadt. Es gab einige kalte Jahre, die den Weinreben arg zusetzen sollten. Vor allem aber änderten sich die Ansprüche einer stetig wachsenden Stadt. Brot war nun wichtiger als Wein. Und so ließ der König auf den Anhöhen des heutigen Prenzlauer Berges Windmühlen anstelle der früheren Weinfelder hinstellen. Hundert Jahre später sollte sich der Prenzlauer Berg zu einem der wichtigsten Brauereistandorte Norddeutschlands entwickeln. Die historischen Gebäude der Kulturbrauerei, das Bötzowgelände, der Pfefferberg, die Königstadtbrauerei und die Willner-Brauerei erinnern als steinerne Zeugen an jene Epoche im ausgehenden 19. Jahrhundert.

Aber zurück ins 18. Jahrhundert. Friedrich II. hatte selbst Brauer gelernt. Denn im Hause Hohenzollern gab es diese Tradition, dass männliche Nachkommen alle ein Handwerk zu beherrschen hatten. Friedrichs gestrenger Vater Friedrich Wilhelm I. – auch als Soldatenkönig bekannt – verbannte den Wein aus seinen Krügen und pflanzte Gemüse, wo zuvor Zierpflanzen die königlichen Gärten schmückten. Friedrichs Epoche sollte ihm zwar den Beinamen „der Große“ einbringen, war aber von Kriegen und Verknappung geprägt. Die Vorfahren der Untertanen, die dem Alten Fritz heute liebevoll Kartoffeln aufs Grab in Potsdam legen, verfluchten ihren König nicht nur für die horrende Erhöhung der Kaffeesteuer. Doch auch neue süße Momente hält die Zeit bereit. Durch den Handel mit Gütern aus den Kolonien waren Zuckerrohr und Melasse nach Preußen gelangt. Zwei weitgereiste Luxusprodukte, zugegeben. Doch der Chemiker und Pflanzenkundler Andreas Sigismund Marggraf (1709-1782) studierte den Zuckergehalt der Runkelrübe und brachte den Preußen damit eine neue und günstige Option des süßen Lebensgefühls, zu dem nun auch der Rum zählte. Sein Schüler Franz Carl Achard führte die Studien fort und errichtete 1802 in Preußen die erste Rübenzucker-Manufaktur der Welt. Die Bedeutung der Zuckerkunde in Preußen erklärt das Deutsche Technikmuseum, das die Sammlung des früheren Zuckermuseums im Wedding übernahm, prächtig.

KORKEN KNALLEN

Die Besetzung Berlins durch die napoleonischen Truppen ab 1806 brachte eine erneute Zäsur für die Stadt. Napoleon ließ die Quadriga vom Brandenburger Tor abmontieren und verschickte sein Souvenir nach Paris. Immerhin aber lernten die Franzosen die Berliner Weisse schätzen und verliehen dem säuerlich-spritzigen Bier den Beinamen „Champagner des Nordens". Nach dem Abzug der Besatzer und der Rückkehr der Quadriga – der „Retourkutsche" – gab es Grund zum Feiern und zum Zechen. Und für Napoleon galt bald sein eigenes Zitat: „Champagner! Nach dem Sieg verdienst du ihn, nach der Niederlage brauchst du ihn!"

Besonders ausgiebig zechte der Stammtisch um den Kammergerichtsrat und Dichter E.T.A. Hoffmann im Weinkeller des Lutter & Wegner an der Charlottenstraße (etwas nördlich vom heutigen Standort). Nicht ohne Grund beginnt der erste Akt der Oper „Hoffmanns Erzählungen" von Jacques Offenbach im Lutter & Wegner. Ein Promi-Treff des Revolutionszeitalters, gleich um die Ecke des Borchardts, Berlins heute verlässlichstem Promi-Lokal. Einer der bekanntesten Stammtischbrüder und Stars der damaligen Zeit war der Schauspieler Ludwig Devrient. Aus den 1820er Jahren ist die wundervolle Geschichte überliefert, als Devrient den Schaumwein neu erfand. Er hatte gerade im nahe gelegenen Schauspielhaus den trinkfreudigen Falstaff in Shakespeares „Heinrich IV." gegeben und eilte direkt von der Vorstellung in sein Stammlokal. Dort schmetterte er dem Kellner als Bestellung einen Satz aus seiner Rolle entgegen: „Bringe er mir den Sack, Bursche!" Bei Shakespeare bezeichnet der Begriff einen alten Sherry oder Madeira, dem Kellner im Lokal war der Begriff jedoch nicht bekannt. Weise beschloss der Oberkellner, dem Schauspieler jenes Getränk zu bringen, das er üblicherweise präferierte – Champagner. Die Anekdote machte die Runde und wurde zum festen Begriff für heimischen Schaumwein: Sekt.

AUF DIE GESUNDHEIT

Berlin wurde immer größer und größer. Das Industriezeitalter brach an und verlegte die Arbeitsplätze vom buchstäblichen wie sprichwörtlichen Land zunehmend in die Städte, wo sich die Einwohnerzahl vervielfachte. Auf engstem Raum teilten sich nun Arbeiterfamilien und Kostgänger beengte und unhygienische Wohnungen in dunklen Hinterhöfen. Cholera war die große Seuche jener Tage und überall in der Welt wurden Ärzte und Apotheker beauftragt, kurierende Elixiere und heilsame Tinkturen zu entwickeln. Die meisten davon halfen wenig bis gar nicht, aber sie schmeckten und fanden so den Weg an die Tresen des Landes.

In Preußen erhielt der praktische Arzt und Königlich Preußische Geheime Sanitätsrat Dr. med. Carl Mampe den Auftrag, ein Gegenmittel zu entwickeln. 1831 braute er aus Orangenschalen, Kräutern und Schnaps seinen „Mampe Halb und Halb" zusammen und verkaufte ihn leidlich erfolgreich an die Apotheken. Seinen kommerziellen Durchbruch hatte der Magenbitter wenig später in den Kneipen dieser Stadt. Bald schon eroberten Lokale der Marke „Mampe‘s Gute Stube" mit ihrem Elefanten-Logo das Land. Am Kurfürstendamm Nummer 14 finden sich noch einige originale Innenräume einer solchen Mampe-Stube in einem McDonald's-Schnellrestaurant, das sich um den Erhalt dieses trinkkulturhistorischen Zeugnisses ehrenwerterweise verdient gemacht hat.

Ein kurzer Exkurs: In New Orleans im US-Bundesstaat Louisiana betreibt Antoine Amédée Peychaud um 1830 herum eine Apotheke und entwickelt ein Elixier, das als Peychaud's Bitters zwar Gebrechen nur bedingt heilt, aber mit Cognac oder Whisky vermengt bestens schmecken sollte. Um den Verkauf anzukurbeln, serviert Peychaud seine Mixtur in einem Eierbecher, auf Französisch: Coquetier. Bar- und Apothekengänger zeigen sich begeistert, auch wenn sie Coquetier nicht aussprechen können und stattdessen einen „Cocktail" bestellten. Und das ist mindestens die glaubwürdigste Erzählung unter all jenen, die belegen wollen, wie der Cocktail denn nun eigentlich zu seinem Namen kam.

JEDE KNEIPE UND DESTILLE ...

... kennt den guten Vater Zille! Heinrich Zille, liebevoll von den Berlinern „Pinselheinrich" genannt, zeichnete und fotografierte das Berlin der kleinen Leute und dokumentierte die finsteren Hinterhöfe in den beengten Arbeiterquartieren. „Man kann mit einer Wohnung einen Menschen genauso töten wie mit einer Axt", resümiert der Künstler die furchtbaren Lebensumstände jener Tage. Viel berichtet er aus den Eckkneipen, die in jenen Tagen das Wohnzimmer ersetzen, da in den Wohnungen jeder Zentimeter als Schlafplatz genutzt wird und deshalb Ruhe herrschen muss. Mit dem Lokal „Zum Nussbaum" existiert im Nikolaiviertel noch eine Rekonstruktion seines Stammlokals.

Einige wirklich historische Lokale kann Berlin genauso vorweisen, darunter das Wilhem Hoeck in der Wilmersdorfer Straße in Charlottenburg, das aus dem Jahr 1892 stammt und noch die alten Likörgefäße im Schankraum stehen hat. Oder das legendäre Leydicke, ebenfalls eine Likörstube oder „Budike" der Kaiserzeit. 1877 gründeten die Brüder Max und Emil Leydicke eine Likörfabrik und Weinprobierstube, die heute in fünfter Generation von Raimon Marquardt betrieben wird. Er stellt zahlreiche Liköre und Obstweine her, darunter auch Leydickes Persiko, eine Spezialität, die mit ätherischen Ölen, Kirschen oder Pfirsichsteinen aromatisiert wird.

In jenen Tagen führte die Friedrichstraße den Beinamen „Saufmeile" und verfügte über zahlreiche Weinstuben, Hotels und Restaurants, aber auch über obskure Hinterzimmer für illegales Glücksspiel oder ausgefallenere erotische Vorlieben. Apropos ausgefallen: Ende des 19. Jahrhunderts kommen neue Getränke-Trends an die Spree. Die verführerische „Grüne Fee" Absinth lockt mit halluzinogenen Effekten und die niederländische Likörunternehmung Bols eröffnet Likörstuben, die von kernigen Berliner Kartoffelschnapstrinkern nur abfällig als „Saftladen" tituliert werden. Die vermutlich erste Cocktailbar Berlins ist die „Englische Bar", sie eröffnet Unter den Linden, nicht weit von der Friedrichstraße.

Der erste Cocktail Berlins aber ist zweifelsohne ein legendäres Bier-Mischgetränk – die Berliner Weisse. Die ursprüngliche Bestellung lautete meist: „eine Berliner Weisse mit Strippe“ und hatte mit Sirup in Rot oder Grün überhaupt nichts zu schaffen. Strippe bedeutete Kümmelschnaps und somit war ein Schnaps die Beigabe zu dem obergärigen Sauerbier. Die Männerrunden der kaiserzeitlichen Stammtische ließen große Behältnisse kreisen und posierten mit jenen „Klauenkruken“, die zuweilen auch drei oder vier Liter fassen konnten.

Neben der alten Kaiserstadt Berlin wächst nun die neue Bürgerstadt heran. Am Kurfürstendamm im wohlhabenden Charlottenburg entsteht der „Neue Westen“. Der Klang der Himmelsrichtung verspricht eine moderne und kesse neue Welt, „Amüsemang“ statt Hofstaat. Das „Café des Westens“ mit seinen Künstlerstammtischen – vom Kaiser geächtete „Schmierfinken“ und „Volksverderber“ der Berliner Secession – wird die Keimzelle einer neuen Ausgeh-Kultur. „Westen“ war neu, aufregend und frei. Theater des Westens, Mampes Gute Stube des Westens oder das Kaufhaus des Westens zeugen noch von jenen Tagen. Es geht hoch her auf der in Windeseile hochgezogenen Prachtstraße, die Theodor Fontane wenige Jahre zuvor in „Frau Jenny Treibel“ noch als „ein von Spargelbeeten durchzogenes Wüstenpanorama“ beschreibt. Immerhin ist die Familie bereits auf dem Weg zu den Halensee-Terrassen, einem Vergnügungsgelände, aus dem später der Lunapark geworden ist.

Der Erste Weltkrieg bedeutet eine erneute Zäsur. Gäste und Personal der Gaststätten und Kaffeehäuser müssen an die Front. Am Kurfürstendamm wird die „Queen Bar“ patriotisch in „Königin Bar“ umbenannt, die Gäste gehen nicht mehr zur „Toilette“, sondern zum „Abort“.

Ab 1917 kommt der Wodka verstärkt nach Berlin. Die Oktoberrevolution führt zu einer Fluchtwelle aus dem abgesetzten Zarenreich und als 1921 die Herstellung von Wodka in der jungen Sowjetunion verboten wird, lassen sich einige Wodkaproduzenten in Berlin nieder. Mit ihren Rezepten im Rucksack ziehen sie westwärts, die Marken Gorbatschow und Schilkin haben in diesen Tagen – und an der Spree – ihren Ursprung.

1919 erscheint ein frühes deutsches Cocktail-Lehrbuch: „Die Modernen Getränke“ von F.J. Beutel. Neben den bereits zuvor beliebten Bowlen und Punsch-Getränken lernen die Tresenkräfte nun auch Cobbler, Crustas, Daisys und Fizzes zu bereiten. Man ahnt ihn schon wieder, den weltläufigen Flair.

TANZ AUF DEM VULKAN

Die 1920er Jahre stehen zugleich für Krise und Aufschwung. Freiheit der Kunst, Emanzipation der Frau, überbordende Lebenslust. Aber auch Arbeitslosigkeit, Geldentwertung, Not und Wirtschaftskrise. Indes: Getrunken wird immer. Und so schnorrt man sich durch und an den Künstlerstammtischen hofft jeder, dass ein Kollege ein Engagement gefunden hat und somit die nächste Flasche bezahlt.

Das „Haus Vaterland“ lockt am Potsdamer Platz als frühe Erlebnisgastronomie mit einem Dutzend Lokalen unter einem Dach – von der Japanischen Teestube über die Texas-Bar und den Wiener Heurigen bis zu den legendären Rheinterrassen mit ihren ständigen Sonnenuntergängen. Die Zeit ist wild. Anita Berber tanzt frivol und faszinierend auf der Bühne. Josephine Baker bringt den Begriff „Sex Appeal“ nach Berlin und verführt in Nelsons Revuetheater mit ihrem Bananenröckchen.

Kühne Autoren berichten in Kolumnen oder Büchern: „Nächte in Kaschemmen“, „Was nicht im Baedeker steht“ oder „Führer durch das lasterhafte Berlin“. Die Leser erfahren von Ganovenkneipen, Tanzlokalen und Orten der neuen Freizügigkeit, wie das berühmte Transvestiten-Lokal „Eldorado“ in Schöneberg, in dem auch Marlene Dietrich gerne verkehrt.

Spektakuläres bieten die großen Tanzpaläste. „Ich seh‘ Sie im Resi“ lautet das Motto des gleichnamigen Tanztempels, der mit Tischtelefonen, Wasserspielen und der „Lichtkonfetti-Kugel“ die Gäste nahe dem Alexanderplatz begeisterte. Im Westen halten der Femina-Palast und das Eden dagegen.

Die berühmteste Adresse war aber das Romanische Café mit seinen illustren und internationalen Stammtischen um Kunst, Bühne und Wissenschaft, um Max Liebermann, André Gide, Albert Einstein und Max Reinhardt, zu denen sich im Laufe der Jahre zahlreiche Filmschauspieler gesellten, als die Bedeutung der silbernen Leinwand beständig wuchs.

TRINKEN NACH TRÜMMERN

Samuel Wilder, ein junger Journalist aus Wien, war Stammgast im Romanischen Café. Dem Nationalsozialismus entkommt er dank seiner frühen Flucht nach New York. Nach dem Zweiten Weltkrieg kehrt er als Billy Wilder zurück in seine alte Heimat und setzt ihr ein filmisches Denkmal. Sein berühmter Berlinfilm „Eins, Zwei, Drei“ beginnt mit einem Schwenk über das nun nicht mehr existierende Romanische Café an der kriegszerstörten Gedächtniskirche. Ach, um ein neues Modegetränk geht es auch in diesem Film. Nun erobert Coca-Cola West-Berlin.

Die berühmten Adressen lagen in Schutt und Asche. Aber der Berliner verliert die Ruhe nicht. Im Westteil der Stadt galt es, sich mit den Alliierten gut zu stellen, und so gelangten die Durstigen ab und an an einen raren Cognac, Scotch oder Bourbon. Im Osten sorgte die Mangelwirtschaft derweil dafür, dass manche Spirituose Spitznamen erhielt: „Blauer Würger“ oder „Kumpeltod“. Zudem mahnt das in der DDR in immerhin zwei Dutzend Auflagen erschienene Ratgeberbuch „Wir Mixen“, dass in der Bar „ganz offensichtliche Dekadenzerscheinungen der kapitalistischen Gesellschaft zum Ausdruck“ kommen und „Unmoral, Ausschweifung und dergleichen unausbleibliche Begleiterscheinungen kapitalistischer Verhältnisse sind.“

Kapitalismus hin oder her: Zwar stand der Cocktailsessel bald in jeder Neubauwohnung, eine wirkliche Cocktailkultur aber machte sich in den sogenannten Wirtschaftswunderjahren rar in West-Berlin. Es fehlte an der Haute-Volée. Und auch an den jungen Wilden. Und als diese dann immer zahlreicher kamen, um sich vor dem Militärdienst zu drücken und gegen den Schah und die Verhältnisse auf die Straße zu gehen, hatte die Cocktailbar Staub angesetzt. Zwar tranken die Jungen noch immer, manche sagen sogar mehr denn je, aber eben ihr Bier in der Kneipe und an den politisierenden Stammtischen. Oder den Markgräfler und italienischen Rotwein. Cocktails gab es meist nur in den großen Hotels und in elterlichen Schrankwand-Barklappen lauerten altbackene Branntweine und Likörchen. Phänomene, die den 68ern zuwider waren.

„Die klassische Bar war zur Insignie der spießigen Nachkriegszeit verkommen. Ein Ort mit Schlips und steifem Kragen", erinnert sich Thomas Pflanz, der selbst als langjähriger Barchef der 1990 eröffneten Bar am Lützowplatz viel zur neuen Berliner Barkultur beigetragen hat und der heute, genauer seit dem Herbst 2017, seine Hildegard Bar in Charlottenburg führt.

In den 1970er- und 80er-Jahren aber blieb eine wirklich kenntnisreiche, mit Stil und Charme geführte Bar in Berlin eine äußerst exotische Erscheinung. Der noch heute existente Rum Trader des legendären Hans Schröder war von diesen wenigen Orten sicher der schönste. In der Summe aber tat sich Berlin mit kulinarischem Fortschritt schwer. Und Siegfried Rockendorf, damals Sternekoch im geradezu exzentrisch abgelegenen Berlin-Waidmannslust, schrieb konsterniert: „Noch wird der Kosakenspieß brennend durchs Lokal getragen, während die Zeloten der Nouvelle cuisine in Westdeutschland, den Guide Michelin unter dem Arm, längst den Kir Royal bestellen. Im Kempi bleibt es beim Hummercocktail." Und wurden, damals in den 1980ern, im KaDeWe auch jährlich 540.000 Austern geschlürft, ihre Cocktails wählen die Berliner lieber groß und bunt. Ausschlaggebende Kriterien: mit Schirmchen und zur Happy Hour.

ZUR HAPPY HOUR FÄLLT DIE MAUER

Ernsthaftes Trinken wie im Rum Trader blieb rar. Und die wenigen weiteren frühen Institutionen wie die Baronette-Bar, die Weisse Maus, das Carmer's, Blue Note oder eben die Bar am Lützowplatz schlossen mittlerweile ihre Pforten. Und doch lernte dort eine neue Generation von Barmixern und die nächste Generation von Barlegenden geht daraus hervor, wie es die Victoria Bar, der Würgeengel oder die Green Door beweisen.

Nach der Wiedervereinigung wurde die neue Partymetropole endlich von der Leine gelassen. Okay, zunächst fuhren mit dem Mauerfall erst einmal tausende Trabis nach Lichterfelde, um sich bei der dortigen Coca-Cola-Niederlassung kastenweise mit der sagenumwobenen Brause einzudecken. Dafür aber ging in den neu zu entdeckenden Ostbezirken spätestens Mitte der

1990er-Jahre erst einmal ziemlich exklusiv die Post ab. Die neuen Clubs der Techno-Generation improvisieren einen wilden Getränkemix. Tannenzäpfle Flaschenbier und Caipirinha werden zu den unvermeidlichen Accessoires der Tanzflächen und illegalen Party-Locations. Delicious Doughnuts, Deep, Tresor, Lore, Hecht, E-Werk und Cookies mutieren von illegalen Off-Locations zu umhergeraunten Geheimtipps und bald zu Trendsettern.

Im Cookies wird der „Watermelon Man", eigentlich eine Erfindung von Bar-am-Lützowplatz-Tender Thomas Pflanz, zum ikonografischen It-Drink. Noch heute denken deshalb viele, dass Heinz „Cookie" Gindullis ihn erfunden hätte. Aber der hatte damals eine nochmals deutlich pragmatischere Vorstellung vom perfekten Techno-Club-Getränk: „Wodka Soda, denn für durchtanzte Wochenenden brauchst du einen klaren Kopf und eine gute Konstitution."

Und doch: Inmitten all der gerümpeligen Abbruch-Locations zwischen Hackeschem Markt und Kollwitzplatz eröffnet der Zufalls-Cocktailgastronom Cookie bald die erste echte Mitte-Cocktailbar in stilsicherem Design. Im Greenwich gibt es neben Watermelon Man auch Planters Punch und Mai Tai. Und um die grassierende Caipirinha-Flut einzudämmen, verlangt der Wirt horrende 25 D-Mark für ein Glas. Ach ja, mit dieser Bar beginnt auch der merkwürdige Trend von Aquarien in Cocktailbars.

Immer mehr Cocktailbars – auch außerhalb der Hotels – öffnen nun ihre Pforten. Dennoch klingen diese Zeiten oft als die „Wodkajahre" aus, in denen es eher um Wirkung, als um Geschmack des Alkoholischen geht. Die Spirituosenindustrie wird immer aktiver und die Vielfalt wächst. Wo es zuvor nur Gordon's Gin gegeben hatte, stehen nun auch Tanqueray, Bombay und Beefeater, aber auch Liköre, Rum und mehr im Regal. Vor allem aber gehen immer mehr Bardamen und -herren kreativ mit der neuen Vielfalt um, was den Gault Millau zur Einführung der Kategorie „Barkeeper des Jahres" veranlasst, der dann auch prompt einem Berliner verliehen wird. Kurz nach der Eröffnung seiner längst legendären Victoria Bar 2001 erhält Stefan Weber die Auszeichnung. Andere Konzepte wie das Salz sind ihrer Zeit voraus. Dort wurden schon zur Jahrtausendwende Speisen und Cocktails aufeinander abgestimmt. Heute ein Trend, damals missverstanden.

Dennoch, spätestens in diesen Tagen hatte sich die Wertschätzung für gute, bald wieder handwerkliche Spirituosen, für alkoholstarke Classic Short Drinks im Vor-Prohibitionsstil und für eine tatsächliche Barkultur in Berlin eingenistet. Langsam keimte auf, was im Hier und Jetzt die Hauptstadttresen prägt. Genau heute gilt: Die Cocktails von Berlin sind besser denn je. Also, liebe Bartender, presst die Zitronen, poliert die Gläser und wischt die Tresen. Damit das trinkfreudige Berlin seinem großen Idol Harald Juhnke nacheifern kann und seinem Rat folgen: „Meine Definition von Glück? Keine Termine und leicht einen sitzen."

Bars sind immer auch illustre Orte: E.T.A Hoffmann zecht um 1810 mit dem Hofschauspieler Ludwig Devrient bei Lutter & Wegner; eine „Schlangendame" verbiegt sich (1932).

Bars are always illustrious places, too: E.T.A Hoffman boozes in 1810 with court actor Ludwig Devrient at Lutter & Wegner; a "serpent lady" gets bent (1932).

Trinken – und gesehen werden: Bildnis der Lyrikerin und Journalistin Sylvia von Harden, gemalt von Otto Dix im Jahr 1926 (links);

Berliner Tag- und Nachtleben in den 1920er-Jahren, Bild unten im Romanischen Café.

Drinking – and being seen: image of the poet and journalist Sylvia von Harden as portrayed by Otto Dix in 1926 (left);

Berlin day- and nightlife in the 1920s – picture below at Romanisches Café.

Oben: Barkeeper mit Gästen im Ost-Berliner Operncafe 1964.

Links: Die befreite Stadt trinkt Coca-Cola: Amerikanische GIs 1946/47.

Ein Klassiker, schon in den 1960ern: E. & M. Leydicke an den Yorckbrücken.

Above: Bartender with guests at Operncafe, East Berlin 1964

Left: The freed city is drinking Coca-Cola: American GIs 1946/47.

A classic already in the late 1960s: E. & M. Leydicke at Yorck bridges.

Spirituosenstadt Berlin: Unter den lokalen Marken war Mampe die unangefochtene Größe – und „Mampes Gute Stube" am Ku'damm das, was man heute einen „Flagshipstore" nennen würde.

Spirits city Berlin: Among the local brands Mampe was the undisputed number one – and "Mampes Gute Stube" at Ku'damm was what today would be a flagship store.

Berliner Weisse mit Stuss: Nicht nur für Paul Kuhn gehörte der Alkohol bald zum festen Repertoire eines volksnahen Humors.

Under a Neon Sky: Barkultur im West-Berlin der 1980er-Jahre – oder was man zumindest dafür hielt.

Ganz Berlin eine Lava-Lampe: Im Sage Club (rechts) wurde ins neue Jahrtausend getanzt und, ja, auch getrunken. Wodka war die Spirituose der Techno-Jahre.

Berliner Weisse with nonsense: Not only for Paul Kuhn alcohol became a fixed component for down to earth humour.

Under a neon sky: bar culture in West-Berlin of the 1980s – or at least what it was taken for.

Whole Berlin a lava lamp: In the Sage Club (on the right) people danced and, yes, drank into the new millennium. Vodka was the spirit drink in the techno years.

Unübersehbar: die Aufschrift über dem Michelberger Hotel in Friedrichshain;
Pelz und Kettchen: In den Nuller Jahren wurde retro und chic zum Feiern kombiniert.

*Unmissable: the inscription above the Michelberger Hotel in Friedrichshain;
fur and bracelets: In the 2000s retro and chic were combined for partying.*

YESTERDAY AT THE BAR

The metropolis is thirsty. And while Berlin has reinvented itself more often over the centuries than almost any other city, that's one thing that has always stayed the same: Berliners just love to drink

We flip through magazines, newspapers and blogs, always on the look-out for new venues, and plan our proverbial pilgrimages to the Grill Royal, to Berghain, and to Nobelhart & Schmutzig or the Monkey Bar. In 13th century Berlin, insider tips were just as important. A hip patron in 1288 wrote: "The old maids of the Hospital zum Heiligen Geist chapel brew a strong and goodly beer!"

Now that beer must have been truly delicious – and there must have been lots of it – because half a century later, the authorities laid down strict regulations, including the historical precursor to the modern closing time: "Upon the sounding of the final bell, no more drink shall be served, and no dancing in the streets shall be permitted!" Obviously there was a lot of dancing – and drinking, too – but beer wasn't the only thing on the menu. Berlin's distillery industry sourced its ingredients from the local Margraviate of Brandenburg itself, proving that eating – and drinking – local has always been cool. That's also how Berlin got its traditional herb cordials, potato liquor, Bierbrand, or distilled beer, and Getreidekümmel, or caraway liquor. New regional tipples joined the ranks later on – from peppermint schnapps and Fassbrause, or "keg soda," all the way to Mampe liquor, a true Berlin original. In the Middle Ages, streams of immigrants flowed in from Bohemia and Silesia alongside Hugenot refugees fleeing persecution in France, all bringing with them their own recipes, and each contributing to the gastronomical culture of 17th century Berlin.

As a result, wine once played a prominent role in Berlin, although that fact is no longer obvious at first glance. Indeed the historical seal of the Prenzlauer Berg district depicts a windmill garnished by both hops and a bundle of grapes. However, in the 18th century – during the time of Frederick the Great – the city began to change. First, a several-year cold spell took a dramatic toll on the city‘s grape vines. Then on top of that, priorities were shifting as the city grew in size. Bread was more important than wine, so the king ordered that the vineyards on the Prenzlauer Berg hill be replaced by windmills. One hundred years later, Prenzlauer Berg became one of the most prominent brewery regions in Northern Germany. The historical courtyards of the Kulturbrauerei, the Bötzow brewery, the Pfefferberg, the Königstadt brewery, and Willner brewery all serve as architectural monuments to the final years of the 19th century.

But let‘s return to the 18th century for now. As it happens, Frederick the Great himself had trained as a brewer. In the House of Hohenzollern it was traditional for young male family members to master a trade. Frederick‘s father, the straight-laced and choleric Frederick William I, also known as the "Soldier King," banned wine from his barrels and filled the royal gardens with vegetables. In contrast to his grand title, Frederick the Great‘s rule was beset by war and scarcity, but in spite of the all the hardship, his reign did bring about a number of sweet surprises as well. Trade with the colonies brought sugar cane and molasses to Prussia, two exotic luxury products, to be sure. However, after studying the sugar content of the beet, chemist and botanist Andreas Sigismund Marggraf (1709-82) provided Prussia with a new, more affordable way to enjoy the sweet life – which now included rum. Franz Carl Achard, one of Marggraf‘s pupils, picked up where Marggraf left off, and in 1802, went on to establish the world‘s first beet sugar manufacturing operation. The German Technical Museum has an extensive exhibit dedicated to the history of sugar science in Prussia.

POPPING CORKS

The 1806 occupation of Berlin by Napoleonic troops brought its own changes to the city. Napoleon had the Quadriga – the famous chariot sculpture crowning the Brandenburg Gate – removed and sent off to Paris as a trophy. Nonetheless, the French learned to love the Berliner Weisse, nicknaming the tart, bubbly beverage the "Champagne of the North." Following the eventual retreat of the occupying forces and the return of the Quadriga, there was plenty of reason to celebrate – and to imbibe. Napoleon was forced to swallow his own bitter advice: "In victory, you deserve Champagne. In defeat, you need it."

One of the merriest drinking crowds came from the State Court, and counted the poet E.T.A Hoffmann among its ranks. They frequented the wine bar Lutter & Wegner on Charlottenstrasse, and it‘s no coincidence that opening

scene of Jacques Offenbach's opera "The Tales of Hoffmann" was set there. It was a meeting place for celebrities during the revolutionary period – and it was seated just around the corner from Borchardts, a favorite haunt of today's local luminaries.
One of the most famous faces at Lutter & Wegner was the actor Ludwig Devrient. According to an anecdote from the 1820's, Devrient is credited with the reinvention of German sparkling wine. Having just finished a performance of Shakepeare's "Henry V" in which he had portrayed the heavy-drinking Falstaff, he headed straight for his favorite bar. When it came time to order, he bellowed out a line from the play at the startled waiter: "Bring me a cup of sack, boy!" In Shakespeare's time, the term would have referred to an old sherry or port, but the waiter didn't know what to make of it, and decided to simply bring the actor his regular, a champagne. But the anecdote made the rounds, and in the process, coined the term that's still used today to refer to German sparkling wine: Sekt.

DRINK TO GOOD HEALTH

Berlin was getting bigger. The industrial revolution was kicking into high gear and shifting jobs from the countryside into the city, where the population was multiplying fast. Working class families and boarders were forced to share crowded, unhygienic apartments. Cholera was the most threatening specter of the time, and across the world, doctors and pharmacists were hard at work developing curative elixirs and tinctures. Most of these experiments didn't do much to cure cholera, but many tasted pretty good, so they eventually found their way to the country's pubs.

One of the industrious doctors of the time was Dr. med. Carl Mampe. In 1831, he brewed a concoction made of orange peel, herbs, and hard liquor, known as "Mampe Halb und Halb," which enjoyed moderate success with his pharmaceutical customers. His real commercial breakthrough came later, when the bitter tonic was discovered by Berlin's bars. Soon pubs by the name of Mampe's Gute Stube, or "Mampe's Good Pub," were cropping up all over the country. At Kurfürstendamm 14, you can still see some original interiors from one of these pubs located in a McDonald's restaurant, which has made a truly remarkable effort to preserve this little piece history.

Here's another fun anecdote: Around 1830, a man named Antoine Amédée Peychaud ran a pharmacy in the U.S. city of New Orleans, Louisiana. Peychaud developed an elixir known as "Peychaud's Bitters," which, although its healing powers were reportedly middling, tasted exquisite with a dash of cognac or whiskey. To drive up sales, Peychaud served the mixture in an egg cup, which, in French, is known as a "coquetier." It was a hit among his patrons, even if they couldn't pronounce the word, which they rendered as "cocktail" instead. And if nothing else, that has to be the most believable story we've ever heard about how the cocktail really got its name.

EVERY BAR AND DISTILLERY...

...knows the Good Old Father Zille! Heinrich Zille, who was lovingly known as "Paintbrush Heinrich" among his compatriots, sketched, painted, and faithfully documented the dark back lots of Berlin‘s cramped working-class neighborhoods. "You can kill a person just as well with a flat as you can with an axe," he concluded. Zille spent a lot of time in corner pubs, which often served as substitute living rooms since sleeping space was in such high demand. Zum Nussbaum in the Nikolaiviertel is a reconstruction of his favorite bar.

Of course, Berlin isn‘t short of authentic old pubs either. The Wilhem Hoeck in Wilmersdorfer Strasse in Charlottenberg dates back to 1892, and still has its old liquor barrels stored in the tap room. And then there is the legendary Leydicke. In 1877, brothers Max and Emil Leydicke founded this liquor manufactory and wine tasting room, which is now in its fifth generation under the management of Raimon Marquardt. Marquardt produces a range of different liquors and fruit wines, including Leydicke‘s Persiko, a house speciality infused with essential oils, cherries, or peach pits.

Back in the day, Friedrichstrasse was also known as the "Saufmeile," or "boozy mile." The street was positively resplendent with wine bars, hotels, and restaurants – and it was a magnet for obscure back rooms devoted to illegal games and dealings, as well as eccentric erotic fancies. Apropos eccentric: In the late 19th century, new beverage trends started to make landfall on the banks of the Spree. The seductive "Green Fairy" absinthe enticed customers with its hallucinogenic effects, and the Dutch liquor company Bols opened fine liquor rooms that were derided at the time as "juice bars" by dyed-in-the-wool potato liquor-drinking Berliners.

Berlin‘s first cocktail bar was most likely the English Bar on Unter den Linden, not far from Friedrichstrasse in Mitte, and Berlin‘s first cocktail is – without a doubt – the legendary beer mixture known as the "Berliner Weisse." Originally, the order would have been "eine Berliner Weisse mit Strippe" and it would have had nothing to do with the red and green colored syrups we know today. "Strippe" refers to caraway liquor, the original mixer for the traditional sour ale. The male clientele of the old imperial drinking clubs were known to posture and grandstand with enormous drinking vessels known as "Klauenkruken," which could hold up to three or four liters each.

Growing up alongside imperial Berlin was the Berlin of the new middle classes. The street Kurfürstendamm in the wealthy district of Charlottenburg is the birthplace of the "New West." The Café des Westens, which was famous for its artist gatherings – groups of Berlin Secession figures scorned by the King as "corrupting influences" – served as a germinating force in the new social culture. "West" meant new, exciting, and free. The Theater des Westens, Mampes Gute Stube des Westens, and the Kaufhaus des Westens were all established during that period – and Kurfürstendamm became the paragon of pomp and luxury.

But the First World War brought with it a whole new set of changes. Patrons and staff of the local restaurants and coffee houses were summoned to the front. The Queen Bar on Kurfürstendamm was patriotically rechristened the "Königin Bar" and guests no longer visited the foreign-sounding "Toilette," but rather the more traditional German "Abort."

Starting in 1917, vodka began flowing more freely in Berlin. The October Revolution unleashed a wave of refugees from Russia's toppled tsardom, and when the fledgling Soviet Union banned the production of vodka in 1921, many of those producers decided to seek their fortunes in Berlin. It was during this time that the Gorbatschow and Schilkin brands were founded – right here on the Spree.

In 1919, one of Germany's earliest cocktail recipe books was published, "The Modern Beverages," by F.J. Beutel. Alongside the traditional popular wine coolers and punches, bartenders were now learning to prepare cobblers, crustas, daisies, and fizzes as well – and that was just the beginning.

DANCE ON THE VOLCANO

The 1920s stood for both crisis and revival. It was a period of artistic freedom, women's liberation, and an unquenchable lust for life, but it was also a time of unemployment, inflation, deprivation, and economic upheaval. And of course that meant that every hour was happy hour.

The Fatherland House at Potsdamer Platz was one of the first centers of experiential gastronomy, with a dozen locales all under one roof – from the Japanese teahouse and the Texas-themed bar to the Viennese wine taverns and the legendary indoor "Rhine terraces" complete with painted sunset vistas. It was truly a wild time. Anita Berber entranced audiences with her dance moves while Josephine Baker taught Berlin all about sex appeal in her famous banana skirt. Audacious writers cranked out intrigue detailing "nights at the dive bars" and "tips for Berlin's dark side." Readers could find out all about shady bars, dance spots, and locales celebrating Berlin's newfound freedoms, such as Schöneberg's famous "transvestite" bar, the Eldorado, one of Marlene Dietrich's favorite haunts.

Berlin's dance palaces were spectacular sights to see. The Resi, near Alexanderplatz, was fully decked-out with telephones at the tables, water games, and "light confetti balls." The Femina Palace and the Eden ruled the western part of the city, but the most famous address was that of the Romanische Café, which hosted illustrious international gatherings of luminaries from the arts, theater, and science. Famous faces included Max Liebermann, André Gide, Albert Einstein, and Max Reinhardt, as well as a growing number of motion picture actors, who were joining the scene with the rise of the silver screen.

DRINKING IN THE RUBBLE

Samuel Wilder, a young journalist from Vienna, was a regular at the Romanische Café. He fled to New York just in time to escape from National Socialism. Following the war, he returned to dedicate a cinematic memorial to his former home – under the name of Billy Wilder. His famous Berlin film, "One, Two, Three," begins with a pan over the ruins of what used to be the Romanische Café near the remains of the Kaiser Wilhelm Memorial Church. But the film did feature a new hip drink: Coca Cola, which was taking over West Berlin.

All of the famous hangouts had been reduced to ashes, but that didn‘t stop Berliners from having a good time. In the West, the trick was to make friends with the Allied Forces, who had access to rare bottles of cognac, scotch, or bourbon. In East Berlin, scarcity bred creative nicknames among the remaining spirits, such as the "Blue Strangler" or "Companion‘s Death." The East German bar manual "We Mix" criticized Western bar culture, bemoaning the fact that "moral failings, debauchery, and other like phenomena are inevitabilities in capitalist economies."

But then capitalism didn‘t seem to be doing much for bar culture either. There may have been a cocktail chair in every newly built apartment, but even in the "economic miracle" years of West Berlin, cocktails themselves were a rare sight indeed. The high society was gone – and there weren‘t any wild youth either. And even when the latter began to grow in number, rejecting military service and hitting the streets in protest, cocktail bars just continued to gather dust. The youth were still drinking – in fact, many say more than ever – but they were drinking beer or red wine in political salons. Cocktails were only available at large hotels, and some parental wine cupboards still harbored the odd, uninspiring bottle of brandy or liquorice schnapps. Cocktail bars just didn‘t align with 1968 values.

"The classic bar was the insignia of the old post-war period, complete with ties and starched collars," remembers Thomas Pflanz, long-time manager of the Bar at Lützowplatz. Pflanz himself has been an important figure in Berlin‘s new bar culture – particularly now, since his new establishment, the Hildegard Bar in Charlottenberg, opened in Fall 2017. But back in the 1970s and 80s, a bar offering true expertise, style, and charm was an exotic rarity in Berlin. Frustrated by this state of affairs, Siegfried Rockendorf, former elite chef in Berlin‘s eccentric outer district of Waidmannslust wrote at the time, "In our neck of the woods, old-fashioned smoking kebabs are still on their way to the table when the West German zealots of nouvelle cuisine are already sipping Kir Royals with the Michelin guide tucked under their arms. And the Kempinski sticks to its lobster cocktails." Now, in the 1980s, the luxury KaDeWe department store was serving up 540,000 oysters a year, but when it comes to cocktails, Berliners prefer theirs big and bright, served up with umbrellas at happy hour.

Serious drinking institutions, such as the Baronette-Bar, the Weisse Maus, Carmer‘s, and the Bar am Lützowplatz, were shutting their doors. But those bars had trained an army of bartenders and birthed a new generation of legendary locales, including the Victoria Bar, the Würgeengel, and the Green Door.

THE WALL FALLS AT HAPPY HOUR

Following Germany‘s reunification, the party metropolis finally began to flourish. The scene was exploding in the exciting Eastern districts, and the new clubs of the techno generation set about wildly improvising new drink concoctions. "Tannenzäpfle" bottled beer and caipirinhas were obligatory accessories on dance floors and at illegal party spots. Delicious Doughnuts, Deep, Tresor, Lore, Hecht, E-Werk, and Cookies transformed from illegal dives to top trendsetters.

The "Watermelon Man" at Cookies – originally invented by Thomas Pflanz from the Bar am Lützowplatz – became an iconic "it" drink. Today, many still think that it was Heinz "Cookie" Gindullis who first mixed it, but he was far more pragmatic about booze: "Vodka and soda is best, because if you want to dance the whole weekend, you need a clear head and a solid constitution." In spite of that attitude, it was cocktail novice Cookie who ended up opening Mitte‘s first authentic cocktail bar. At Greenwich, the classic Watermelon Man is accompanied by the Planter‘s Punch and the Mai Tai, and it was Greenwich that started the peculiar trend of cocktail bars with aquariums. More and more bars and hotels started to open their doors. However, this era was better known as the "vodka years" – and that had more to do with the effect of the alcohol rather than its flavor as such.

Today, the spirit industry continues to grow and diversify. Where there was once only Gordon‘s Gin, we now see Tanqueray, Bombay, and Beefeater, not to mention liquors, rum, and more. Increasingly, bartenders are getting creative with the trade, and the Gault Millau guide developed a "Barkeeper of the Year" award to celebrate that fact. The award was promptly bestowed upon Berliner Stefan Weber following the opening of his legendary Victoria Bar in 2001. Other unlucky bars, like Salz, were ahead of their time. Around the turn of the millennium, they were adapting food and cocktails to match. Today, it‘s considered an art form, but at the time it was simply misunderstood.

Slowly but surely, customers are beginning to develop a taste for hand-crafted spirits and strong short drinks in the pre-Prohibition style, and an authentic bar culture is taking root again. The seeds of the modern metropolitan bar are beginning to germinate, and that means that Berlin‘s cocktails are better than ever before. So, dear bartender, squeeze the lemons, polish the glasses, and wipe down the bar. It‘s time for thirsty Berliners to channel the great entertainer Harald Juhnke when he gave the following advice: "My definition of joy? No appointments and slightly tipsy."

DIE 133 BESTEN BERLINER BARS

Der Berliner lebt in der Metropole, aber er trinkt im Kiez. Also haben wir unsere Bar-Auswahl in eine nachbarschaftliche, quasi fußläufige Ordnung gebracht. Und um Themenlisten ergänzt.

/

Berliners might live in a metropolis, but they drink in their neighbourhoods. So we organised our choice of bars accordingly.

THE 133 BEST BERLIN BARS

SUNDOWNER
CITY WEST
ALTER WESTEN
TRADITION
NEUER GLANZ

/

ROOFTOP
OLD FASHIONED
NEW NEGRONI
BAHNHOF ZOO

1. GALANDER CHARLOTTENBURG
2. VESPER BAR
3. PROVOCATEUR
4. UNION JACK
5. HEFNER LOUNGE
6. BAR AM STEINPLATZ
7. THE HAT BAR
8. BAR ZENTRAL
9. RUM TRADER
10. FASANEN 47
11. STAIRS
12. MONKEY BAR
13. HILDEGARD BAR
14. MARLENE BAR

Lessingstr.
Altonaer Str.
HANSA-PLATZ
Franklinstr.
Helmholtzstr.
Otto-Suhr-Alle
TIERGARTEN
Straße des 17. Juni
Bismarckstr.
ERNST-REUTER-PLATZ
Hardenbergstr.
6
Steinplatz
Budapester Str.
Hardenberg-platz
Zoologischer Garten
14
Goethestr.
Schlüterstr.
Karl-August-Platz
Knesebeckstr.
4
Kantstr.
5
Uhlandstr.
12
Budapester Str.
SAVIGNY-PLATZ
Savignyplatz
8
ZOOLOGISCHER GARTEN
Breid-scheid-platz
Kurfürstenstr.
Tauentzienstr.
7
13
Leibnitzstr.
Knesebeckstr.
UHLAND-STR.
Fasanenstr.
KURFÜRSTEN-DAMM
Marburger Str.
WITTEN-BERG-PLATZ
Kurfürstendamm
Nürnberger Str.
Liezenburger Str.
Liezenburger Str.
9
Bundesallee
Konstanzer Str.
Ludwigkirchstr.
Ludwig-kirch-platz
Spichernstr.
10
Martin-Luther-Str.
Düsseldorfer Str.
Uhlandstr.
3
Zähringerstr.
SPICHERNSTR.
Hohenstauffenstr.
VIKTORIA-LUISE-PLATZ
HOHENZOLLERN PLATZ
Brandenburgische Str.
11
Bundesalle
Hohenzollerndamm
Güntzelstr.
FEHRBELLINER PLATZ
Uhlandstr.
GÜNTZELSTR.
Grunewaldstr.

1

GALANDER CHARLOTTENBURG

Stuttgarter Platz 15, T: 36 46 53 63, tgl. 18–2 Uhr, www.galander-berlin.de ♿

Zum nachbarschaftlichen Treffpunkt transformierte sich die Trinkstätte in einem ehemaligen Puff. Die Bar im 20er-Jahre-Stil mit opulenten roten Tapeten, Deckenventilatoren und schweren Ledersesseln unter den Rauchschwaden hat Flair. Die Drinkauswahl hingegen wird sehr modern auf einem I-Pad präsentiert. Die Namen der Drinks sind kokett frivol gehalten, in Anspielung an die, nun ja, Lokalgeschichte des Ortes. Das charmante Barteam berät freundlich und geht auf individuelle Wünsche der bunten Gästeschar ein. Am Wochenende öffnen sich zudem die Türen der benachbarten Dive Bar mit Disco-Look und Longdrinks.

Once a simple drinking hole located in a former brothel, this locale has transformed into a popular neighborhood hotspot. The 1920s-style bar is the pinnacle of flair with its opulent red wallpaper, ceiling fans, and heavy leather armchairs, which wax ethereal under the mist of cigarette smoke. The drink menu, on the other hand, is presented on an iPad. The drink names are saucy and coquettish, an homage to the history of the building. The charming bar staff offers friendly recommendations and caters to the individual tastes of its diverse and eccentric patrons. On the weekend, the neighboring disco-themed dive bar opens, too, offering a range of long drinks.

2

VESPER BAR

Kurfürstendamm 160, T: 85 60 63 56, tgl. ab 18 Uhr, unter der Woche bis 2 Uhr, am Wochenende bis 3 Uhr, www.vesper-bar.de ♿

Ein Hauch von James Bond durchweht die stylische Bar nahe dem Adenauerplatz. Elegantes Design, edle Materialien, über dem Tresen scheinen Satelliten aus den 60-er Jahren ihre Bahnen zu ziehen. Der Name der Bar nennt einen Cocktail, der in Ian Flemings „Casino Royal" aus dem Jahr 1953 für 007 zubereitet wird und dann den Namen seiner großen Liebe, Vesper Lynd, erhält. Die Mixtur aus Gin, Vodka und Lillet wurde in der Londoner Dukes Bar erfunden, passt aber auch ganz vortrefflich nach Berlin. Doppelnull-Agenten ihrer Majestät werden in der Vesper Bar eher selten gesehen, dafür begrüßt Thomas Altenberger als hervorragender Gastgeber seine Gäste und berät kenntnisreich und herzlich.

An air of James Bond pervades this stylish bar on Kurfürstendamm near Adenauerplatz. Elegant décor with luxury materials and 1960s lamps that appear to orbit the bar like satellites. The name of the bar is also the name of a cocktail served to 007 in Ian Fleming's novel, "Casino Royal", written in 1953, as well as the name of his true love, Vesper Lynd. The mixture of gin, vodka and Lillet was invented in Dukes Bar, London, internationally renowned for its famous martinis, but is equally well suited to Berlin. While Her Majesty's agents are a rarity at Vesper Bar, Thomas Altenberger is an excellent host, cordially providing his guests with a wealth of knowledgeable advice.

3

PROVOCATEUR

Brandenburgische Straße 21, im Hotel Provocateur, T: 22 05 60 60, So-Do 11-3 Uhr, Fr+Sa 11-4 Uhr, www.provocateur-hotel.com/bar ♿

Die mondäne Hotelbar macht ihrem Namen alle Ehre und mischt das behäbige Wilmersdorf durch laszives Ambiente mit gedimmtem Licht und samtigen roten Sofas auf, auf denen es sich bequem rekeln lässt. Die Atmosphäre und die frivolen Bilder der Karte knüpfen an die wilden Zwanziger Jahre an. Die Cocktails selbst hingegen sind auf der Höhe der Zeit. Dafür garantiert das Barteam mit beeindruckenden Eigenkreationen. Der Drink „Petit Prune“ mit rotem Wermut, Pflaume, Sesam und Toffee zeigt eine elegante Harmonie. Eine kleine Provokation bleibt derweil die Höhe der Rechnung.

This glamorous hotel bar does justice to its name, adding a splash of infamy to sedate Wilmersdorf with its lush ambience, dimmed lighting, and comfortable and inviting red velvet sofas. The bar's atmosphere and the free-wheeling pictures on its menu give its guests a taste of the 1920s. The cocktails, on the other hand, are cutting-edge and contemporary. The bar team is proud of its impressive, original creations. The "Petit Prune" is an elegant, harmonious balance of red vermouth, prunes, sesame, and toffee. Of course, the bill can prove to be a little provocative as well.

4

UNION JACK

Schlüterstraße 15, T: 312 55 57, Mo-Sa ab 19 Uhr, So ab 18 Uhr, www.unionjack-berlin.de

Frischer Wind in der bewährten Whisky-Adresse der City-West. Außen verkündet die alte Inschrift noch die 401 Whiskys, die sich in den Regalen im gemütlichen Inneraum indes längst mehr als verdoppelt haben dürften. Zwischen roten Wänden und Holzvertäfelungen kommt familiäre Atmosphäre unter Whisky-Fans auf. Die Islay-Kult-Marke Ardbeg ist reichlich vertreten, aber auch rare Flaschen unabhängiger Abfüller wie Jack Wiebers, SMWS oder Sansibar werden vom sympathischen Team kenntnisreich beraten. Dazu irische und englische Biere, Walker's Chips und kleine Häppchen für den Hunger zwischendurch.

A breath of fresh air for this classic whisky shop in the West: The old sign at the front still advertises 401 whiskies, but one look at the shelves in the cosy interior makes it clear that that number has more than doubled. The red walls and wooden panelling provide a familiar atmosphere for whisky aficionados. The bar has plenty of Ardbeg, the cult brand from the Isle of Islay, alongside rare bottles from independent producers, such as Jack Wiebers, SMWS, and Sansibar, and the friendly team is happy to share their expertise. Union Jack also offers Irish and English beers, Walker's crisps, and little nibbles to enjoy between drinks.

5

HEFNER LOUNGE

Kantstraße 146, T: 31 01 75 20, tgl. ab 18 Uhr, www.hefner-berlin.de

Zahlreiche Gäste lassen sich in den Sommermonaten auf der bequemen Bestuhlung des idyllischen Außenbereichs am Savignyplatz nieder, um das lebendige Treiben rings um die zahlreichen Restaurants zu beobachten. Manche erkennen erst auf den zweiten Blick, dass sie an einem Ort gelandet sind, der hervorragende Cocktails zu mixen versteht. Erstklassige Spirituosen sorgen für beste Old Fashioneds oder einen traumhaften Old Cuban mit Rum, Minze und Champagner. So erkennt der Genussmensch rasch, dass auch in den Wintermonaten die Einkehr lohnt.

During the summer months, countless guests settle on the comfy seating in the idyllic outdoor area at Savignyplatz to watch the lively hustle and bustle around the various restaurants. Some only realise at second glance that they've hit a venue that really knows how to mix outstanding cocktails. Premium Spirits make for the best Old Fashioned and a wonderful Old Cuban, with rum, mint and champagne. Connoisseurs will be quick to realise that this place is also well worth a visit in the winter.

PROVOCATEUR

UNION JACK

HEFNER LOUNGE

Die **BAR AM STEINPLATZ** ist das Reich von Christian Gentemann

The domain of Christian Gentemann

6

BAR AM STEINPLATZ

Steinplatz 4, im Hotel am Steinplatz, T: 55 44 44 60 54, tgl. 16–24 Uhr, www.hotelsteinplatz.com/bar

Allein die Fassade des eleganten Design-Hotels von Jugendstil-Architekt August Endell, der auch an den Hackeschen Höfen mitwirkte, ist bei abendlicher Beleuchtung eine Sehenswürdigkeit. Die Gastronomie bietet mit Fine Dining Restaurant, Bar, Innenhof und Terrasse vielfältige Abwechslung. Genau wie die hochkreativen Gerichte von Küchenchef Nicholas Hahn. Die Bar will da nicht nachstehen. Über einen eigenen Eingang kommen auch viele Berliner Stammgäste ins Reich von Barchef Christian Gentemann – vom Interieur ein Mix aus elegantem und kühlem Stein- und Onyx-Design und Ledersesseln. Eigenwillig und köstlich sind die Getränkekonzepte. Gentemann geht es um Aroma und Geschmack. Er warf die Trendspirituose Gin aus dem Sortiment, um sie durch einheimischen Doppelwacholder zu ersetzen. Die Drinks tragen keine Namen, sondern werden durch die Inhaltsstoffe angedeutet. Die geschmackliche und optische Präsentation ist herausragend und trug der Bar bereits zwei Mal in Folge die Auszeichnung zur „Hotelbar des Jahres“ im deutschsprachigen Raum ein. Eine großartige Bierauswahl, erlesene Obstbrände und fassstarke Whiskies ergänzen das Angebot, wie auch ein schmackhaftes Barfood-Menü, etwa mit Schweinebauch mit Jalapeño-Miso oder Krabbenchurros mit Aioli.

The facade of this elegant boutique hotel, designed by Art Nouveau architect August Endell, who also worked on the Hackersche Höfe, makes for incredible sightseeing under an evening sky. Complete with a fine dining restaurant, bar, interior courtyard, and terrace, the Bar am Steinplatz offers the full package. Top that off with creative, sophisticated dishes by chef Nicholas Hahn, and of course, the bar itself. Guests, many of whom are Berlin regulars, enter the domain of manager Christian Gentemann through a separate entrance. The cool stone and onyx interior is complemented by warm leather chairs.
The drink concepts are creative and delectable. Gentemann is a master of flavor and aroma. He threw the trendier gins out of his repertoire and replaced them with Doppelwacholder, a specialty German gin. His drinks don't have their own names – they are referred to solely by their ingredients. The gastronomical and aesthetic presentation are excellent, and the bar has been named "Hotel Bar of the Year" in the German-speaking countries for two years running. The bar am Steinplatz also offers a fine selection of beers, fruit brandies, and choice whiskies, complemented by a flavorful menu including pork belly with jalapeno miso and shrimp churros with aioli.

7

THE HAT BAR

Lotte-Lenya-Bogen 550, T: 488 98 39, Mo–Sa 20–2 Uhr, www.thehatbar.de

Blues & Bourbon – was für eine wundervolle Nachbarschaft. Unmittelbar im S-Bahnbogen neben der Bar Zentral verbindet The Hat Bar stilvolles Trinken mit entspannten musikalischen Klängen. Ein Hauch von altem New York umweht die Jazz Bar, in der allabendlich live gejammed wird, bei freiem Eintritt. Wie sang John Lee Hooker: „One Bourbon, one scotch, one beer.“ Mit diesen Produkten macht der Gast nichts verkehrt, aber zum Glück beherrschen die Bartender ihr Handwerk auch darüber hinaus und rühren feine Negronis und Old Fashioneds.

Blues & Bourbon – what a combination! Located directly under the railway arches next to the Bar Zentral, the Hat Bar unites stylish drinking with a relaxed musical soundtrack. The Jazz Bar is swathed in an air of old New York, with musicians staging live jam sessions every night of the week, all with free entry. As John Lee Hooker once sang: „One Bourbon, one scotch, one beer.“ While guests can't go wrong with these classic drinks choices, the bartenders are also well-versed in their craft and mix a mean Negroni or Old Fashioned.

8 BAR ZENTRAL

Lotte-Lenya-Bogen 551, T: 37 43 30 79, tgl. ab 17 Uhr, unter der Woche bis 1.30/2 Uhr, am WE bis 3 Uhr, www.barzentral.de

Zwei langjährige Bartender vom Green Door, Torsten Bender und Sebastian Mathow, haben sich mit der Bar Zentral selbstständig gemacht. Gegenüber vom Theater des Westens in einem der S-Bahn-Bögen beim Bahnhof Zoo wird der Gast kenntnisreich, zuvorkommend und ungewöhnlich bemixt. Alte Rezepturen mit neuen Abwandlungen und Spirituosen höchster Qualität bestimmen den Stil. Atmosphärisch erinnert die Bar ein wenig an Edward Hoppers Gemälde „Nachtschwärmer". Eine klassische Bar für gepflegtes, erwachsenes Trinken. Die Öffnungszeiten ermöglichen einen After-Work- oder Pre-Dinner-Drink bereits ab 17 Uhr.

Two long-time bartenders from Green Door, Torsten Bender and Sebastian Mathow, branched out on their own to set up Bar Central. Opposite the Theater des Westens in one of the S-Bahn railway arches near Zoo train station, guests can expect expertly mixed drinks with a twist and a side of cordiality. New takes on old recipes and top quality spirits are the order of the day. The atmosphere in the bar is reminiscent of Edward Hopper's famous "Nighthawks" painting: a classic bar for refined, grown-up drinking. The opening times are also worth a mention – guests can enjoy an after-work or pre-dinner drink from 5 p.m.

9

RUM TRADER

Fasanenstraße 40, T: 881 14 28, Mo-Fr 20.30-1 Uhr, Sa 21.30-2 Uhr

Die kleinste Bar Berlins ist ein Traditionsort aus alten West-Berliner Zeiten, der schon seit 40 Jahren am Fasanenplatz existiert. Vom legendären Herrn Schröder gegründet, wird sie seit vielen Jahren von Herrn Scholl würdevoll weitergeführt. Auf diesen ganz besonderen Gastgeber muss man sich einlassen – und wird aufs Schönste belohnt. Sehr gebildet plaudert er mit seinen oft illustren Gästen über Rum, Bargeschichte und vieles mehr. Man sollte unbedingt den Mai Tai probieren, je nach Trinkfestigkeit von Stufe I bis Stufe III. Ist man danach ein wenig derangiert, wird einem freundlich, aber unaufgefordert, ein Taxi gerufen.

Berlin's smallest bar is a traditional place founded in West-Berlin's heyday and has stood at Fasanenplatz for more than 40 years. Established by the legendary Mr. Schröder, Gregor Scholl has upheld its traditions since he took over many years ago. This exceptional host is well worth getting to know; highly educated, he chats with his often illustrious guests about rum, the bar-history and much more besides. The Mai Tai is a must, with potency varying from level 1 to level 3, depending on tolerance. For guests who are somewhat worse for wear after a couple of these, bar staff know when it's time to call a cab.

10

FASANEN 47

Fasanenstraße 47, T: 885 04 64, Mo–Fr ab 18 Uhr, Sa ab 20 Uhr

Eine Hotelbar ohne Hotel. Tatsächlich erwarb Franky Kettlitz vor mehr als 20 Jahren die ausgemusterte Einrichtung einer Hotelbar und verpflanzte sie nach Wilmersdorf. Clubsessel, ein Flügel und altmodische Wanddekorationen, die an einen englischen Pub erinnern, bilden den zeitlosen Rahmen, in dem sich die Stammgäste aus Kunst, Kultur und Kulinarik rings um den Tresen versammeln, um die Gesellschaft eines formidablen Gastgebers zu genießen – und natürlich dessen Drinks. Vom klassischen Wermut-Aperitif bis zum alkoholstarkęn Nightcap hält der Barmann für jeden die perfekte Empfehlung bereit.

A hotel bar without a hotel. Owner Franky Kettlitz acquired the decommissioned hotel bar fittings and transplanted them to Wilmersdorf more than twenty years ago. Club chairs, a grand piano and old-fashioned wall decorations reminiscent of an English pub set the timeless backdrop against which regulars from the art, culture and culinary scenes gather around the bar and enjoy the company of their formidable host – and, of course, his drinks. From a classic vermouth aperitif to a high-proof nightcap, the barman has the perfect tipple for every guest.

11

STAIRS

Uhlandstraße 133, T: 0176-70 34 43 43, Di–Do 18–2 Uhr, Fr–Sa 18–3 Uhr, www.stairsbar-berlin.com

Ein unauffälliges Schild, darunter die Klingel. Im Inneren steht die dunkel gehaltene Bar ganz im Zeichen der namensgebenden Treppe – ob durch Stufen zum Tresen, Tapetendruck oder als kühne Konstruktion auf dem Rückbuffet, die die Flaschen trägt. Auch die Drinks in der Karte sind in Treppenoptik präsentiert. Es wird klassisch und ernsthaft gemixt, dabei aber kreativ. Wie wäre es mit einem „Mad in Pursuit" aus Genever, Himbeerpüree, Veilchenlikör, Zitrus und Champagner? 11 bis 16 Euro kosten die Drinks. Auch ein sorgfältig bestückter Humidor steht bereit.

A discreet sign and a doorbell mark the entrance. The interior of this dark bar is a true to title. Stairs lead up to the bar, grace the wallpaper, and serve as a clever design element for the shelves behind the bar. Even the drinks menu features a stair motif. The cocktails are serious, classic creations, but they certainly don't lack in creativity. How about a "Mad in Pursuit" – a mix of jenever, raspberry puree, violet liqueur, citrus, and champaign? Drinks run anywhere from 11 € to 16 €. The bar also keeps a meticulously stocked humidor.

12

MONKEY BAR

Budapester Straße 40, im 25hours Hotel Berlin, T: 120 22 12 10, tgl. 12–2 Uhr, 25hours-hotels.com/de/bikini/restaurant/monkey-bar

Über den Dächern von West-Berlin lässt es sich wundervoll trinken. Allein der Blick in den Zoo oder auf die Gedächtniskirche lohnt die Auffahrt. Im 10. Stock des hippen 25hours Hotels amüsiert sich die digitale Berliner Bohème neben den Hotelgästen bei abwechslungsreichen Cocktails, insbesondere Tiki-Drinks, und frisch gezapftem Bier. Unkompliziertes Trinken mit schöner Aussicht kennzeichnet den entspannten Ort, besonders in der blauen Stunde. Kleine Snacks vor Ort legen die Grundlage für einen geistreichen Abend. Zu später Stunde verändert sich die Atmosphäre zur Partylocation, dann dauert der Aufstieg aufgrund der Fahrstuhlschlange länger.

Above the rooftops of Berlin is a wonderful place to enjoy a drink. The views across the Zoo and the Memorial Church alone are worth the trip up in the lift. On the tenth floor of hip hotel "25hours", Berlin's digital Bohème revels alongside the hotel guests with an extensive menu of cocktails, especially Tiki-drinks and freshly-tapped beer. Easy drinking with stunning views characterise this laidback venue, particularly during the blue hour. Bar snacks provide the basis for a stimulating evening. As the evening advances, the atmosphere becomes more that of a party location, when the long queues at the lift mean a trip to the bar may well involve a wait.

Die **MONKEY BAR** bietet ein spektakuläres Panorama, unter anderem in den Zoo

A spectacular panoramic view, also into the Berlin Zoo

13

HILDEGARD BAR

Marburger Straße 3, T: 21 96 32 83, Mo–Sa 18–3 Uhr, www.facebook.com/hildegardbarberlin ♿

Einer der vortrefflichsten Gastgeber der Barszene hat endlich seine eigene Bar eröffnet. Berliner Barflys kennen Thomas Pflanz aus dem Lebensstern, der Victoria Bar und vor allem der Bar am Lützowplatz, als musikalischen Tausendsassa und nicht zuletzt als Erfinder des Drinks „Watermelon Man“. Zwischen Kaufhaus des Westens und Gedächtniskirche versteckt sich seine neue Wirkungsstätte mit Jukebox und Plattenspieler, Shaker und Rührglas. Klassische Drinks und Kreationen seines pfiffigen Barteams begleiten die Abende eines erwachsenen Publikums, das auch gerne zur Zigarre greifen darf. Der lange Tresen, die bequemen Sitznischen oder das mondäne Hinterzimmer bieten verschiedenen Stimmungen Raum. Ein Thema der Bar sind die „Poetry-Drinks“, illustren Schriftstellern und Dichtern gewidmet, etwa der Whiskey-Bacon-Drink „Bukowski“. Und auch die musikalische Komponente setzt sich flüssig fort: Jeder Drink hat einen Partner-Song in der Jukebox.

Die namensgebende Hildegard ist dreifach gemeint: Hildegard Knef steht für die Heimat Berlin, Hildegard von Bingen hat selbst mit Kräutern experimentiert und sogar Bier gebraut, und Hildegard Dahlmann war einst die lebensfrohe Hausbesitzerin des historischen Gebäudes.

One of the best hosts of the Berlin bar scene has finally opened a place of his is own. Berliner barflies will recognize Thomas Pflanz from the Lebenssstern, the Victoria Bar, and the Bar am Lützowplatz, as a musical jack-of-all-trades, and as the inventor of the "Watermelon Man" cocktail. His new laboratory is nestled between the Kaufhaus des Westens and the Kaiser Wilhelm Memorial Church, and comes complete with a jukebox, record players, shakers, and mixing glasses. Classic drinks and original cocktails developed by his sharp bar team await a sophisticated clientele. Cigars are also on the menu. The long bar, cozy corners and the glamorous back room provide plenty of space for different ambiences to unfold. One of the bar's thematic elements are its "poetry drinks" named after illustrious authors. The "Bukowski" for example, offers a mix of of whisky and bacon. There is a musical component as well, every drink is partnered with a particular song in the jukebox.

The bar's name refers to three different women: actress Hildegard Knef, who stands for Berlin, Hildegard von Bingen or Saint Hildegard, who experimented with herbs and brewed her own beer, and Hildegard Dahlmann, the exuberant former owner of the bar's historical building.

14

MARLENE BAR

Budapester Straße 2, T: 26 02 12 53, So–Do 12–2 Uhr, Sa+So 12–3 Uhr, www.berlin.intercontinental.com ♿

Eine der bewährtesten klassischen Hotelbars der Stadt. Von der Wand überblickt die namensgebende Filmdiva den großen Raum mit 200 Plätzen. Ihr ist der „Marlene's Barrel Aged Negroni" gewidmet. Ein klassischer, sechs Monate im Eichenfass gereifter Negroni Cocktail mit Gin, Wermut und Campari. Darüber hinaus lädt die Barkarte zu einer Zeitreise ein und präsentiert die legendären Cocktails in ihrer jeweiligen Epoche. Zu Messezeiten ist die Marlene Bar ein Hotspot mit furchteinflößendem Andrang.

One of the city's most tried and trusted traditional hotel bars. The eponymous film diva looks down from the wall over a large room with seating for 200. The "Marlene's Barrel Aged Negroni" – a classic negroni cocktail, aged in oak casks for six months, with gin, vermouth and Campari – is dedicated to the silver screen diva. The bar menu takes guests on a journey through time, presenting legendary cocktails. During trade fairs, the bar becomes a real hot spot and is almost frighteningly popular.

TEQUILA SUNRISE

...

Ein Klassiker mit Tequila, Orangensaft und Grenadine. Im Restaurant „The Trident", mit Blick auf die Bucht von San Francisco, empfiehlt der Barkeeper den Drink 1972 einem jungen Musiker namens Mick Jagger. Der Tequila Sunrise mundet und wird fortan der Begleiter der Rolling Stones Tour und dadurch enorm populär. Keith Richards schreibt in seinen Memoiren „Life": „Die 1972er Tour wurde unter verschiedenen Namen bekannt: Die Kokain und Tequila Sunrise Tour, oder die STP, Stones Touring Party." Die USA importierten 1972 3,5 Millionen Liter Tequila. Nach der Stones-Tour betrug die eingeführte Menge des Agaven Destillats 1974 stolze 16,3 Millionen Liter.

TEQUILA SUNRISE

...

A classic made of tequila, orange juice, and grenadine. In 1972, at The Trident restaurant overlooking San Francisco Bay, a bartender recommends this drink to a young musician named Mick Jagger. It clearly did the trick, because the Tequila Sunrise became a loyal companion during the Rolling Stones' tour – and has enjoyed enduring popularity since. In his memoir, "Life," Keith Richards wrote: "The 1972 tour was known by many names, ‚The Cocaine and Tequila Sunrise Tour,' or the ‚STP: Stones Touring Party.'" The U.S. imported 3.5 million liters of tequila that year. Following the Stones' tour, the import volume of the agave liquor rose to 16.3 million liters in 1974.

FRAGRANCES
ZWISCHEN NOLLENDORF- UND POTSDAMER PLATZ
SALONKULTUR
PICK ME UP

/

HIMMEL ÜBER BERLIN
SALTY CARAMEL
SCHULE DER TRUNKENHEIT
MINT JULEP

- 15 STUE
- 16 LEBENSSTERN
- 17 STAGGER LEE
- 18 GREEN DOOR
- 19 VICTORIA BAR
- 20 TIGER BAR
- 21 JAMBOREE
- 22 VOX
- 23 CURTAIN CLUB

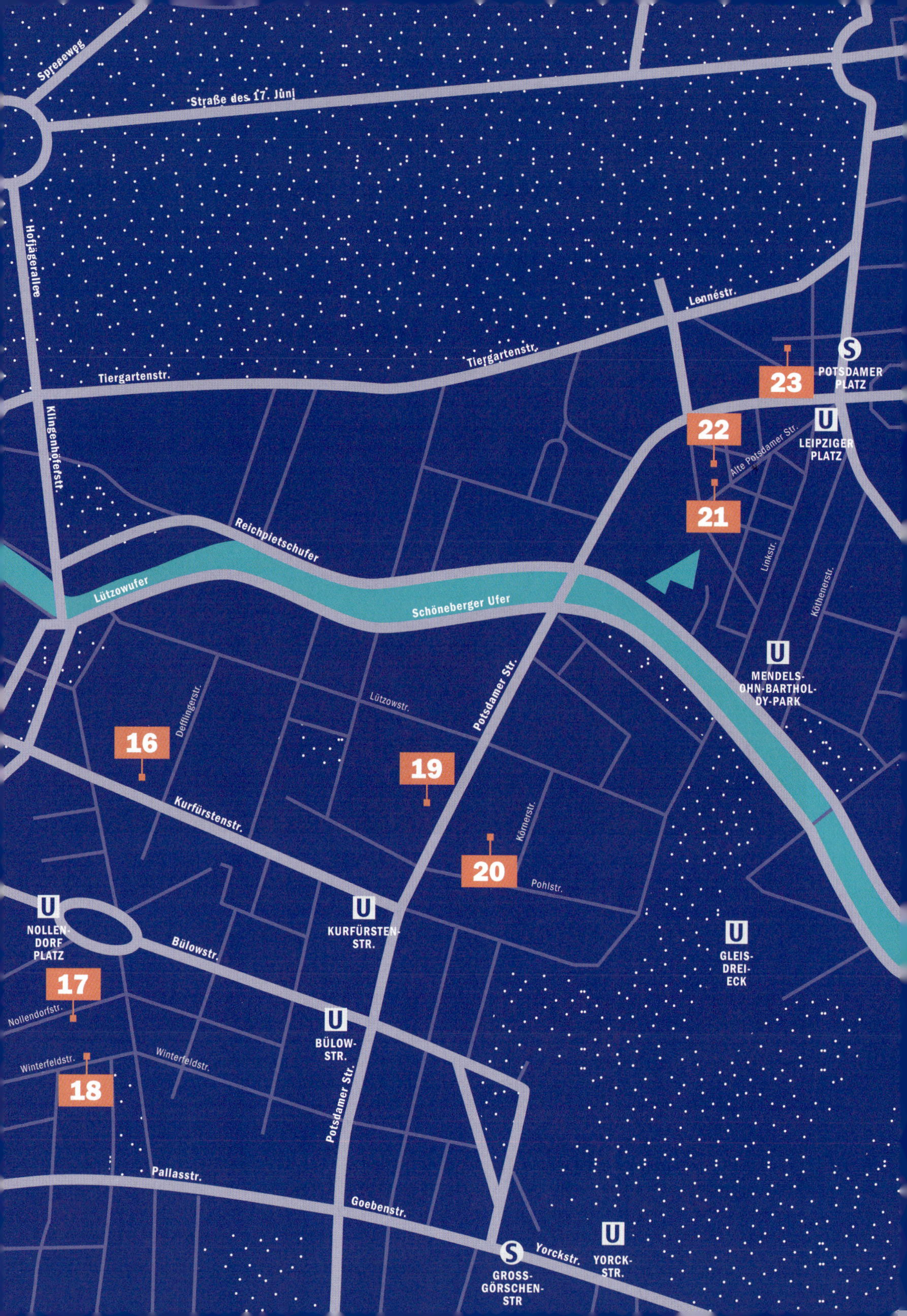

Spreeweg
Straße des 17. Juni
Hofjägerallee
Lennéstr.
Tiergartenstr.
Tiergartenstr.
S
POTSDAMER PLATZ
23
22
U
LEIPZIGER PLATZ
Alte Potsdamer Str.
Klingenhöferstr.
21
Reichpietschufer
Linkstr.
Köthenerstr.
Lützowufer
Schöneberger Ufer
U
MENDELS-OHN-BARTHOL-DY-PARK
Lützowstr.
Potsdamer Str.
Derfflingerstr.
16
19
Kurfürstenstr.
Körnerstr.
20
Pohlstr.
U
NOLLEN-DORF PLATZ
U
KURFÜRSTEN-STR.
U
GLEIS-DREI-ECK
Bülowstr.
17
Nollendorfstr.
U
BÜLOW-STR.
Winterfeldstr.
Winterfeldstr.
18
Potsdamer Str.
Pallasstr.
Goebenstr.
S
GROSS-GÖRSCHEN-STR
Yorckstr.
U
YORCK-STR.

15

STUE BAR

Drakestraße 1, T: 311 72 20, tgl. 12–23 Uhr, www.das-stue.com ♿

Diskret und zurückgezogen im historischen Diplomatenviertel verbergen sich kulinarische Höhepunkte hinter den düsteren 30er-Jahre-Mauern. Einerseits lockt die sternegekrönte Küche von Starkoch Paco Perez, andererseits auch die Bar, auf die der eintretende Gast schnurstracks zuläuft, sobald er das elegante Design-Hotel betritt. An der Wand flackern schwarz-weiße Stummfilm-Bilder und entführen dezent in die Roaring Twenties. Die Drink-Auswahl an dem markanten Tresenblock, bei der insbesondere Wermut in zahlreichen Varianten eine köstliche Rolle spielt, ist zeitgemäß.

Discretely hidden in the historic diplomatic district, this garden of culinary delights is concealed from view by brooding stone walls from the 1930s. The Michelin-starred kitchen of chef Paco Perez is just one reason to make the trek. Then there is the bar, the first thing guests see upon entering the elegant boutique hotel. Black and white silent films from the Roaring Twenties flicker on the walls. The drinks menu, served at the unique block-style bar, is chic and modern. Vermouth – and the many variations thereof – is one of the bar's specialties.

16

LEBENSSTERN

Kurfürstenstraße 58, T: 26 39 19 22, tgl. 19–2 Uhr, www.lebens-stern.de

In der Gründerzeitvilla über dem legendären Café Einstein erwartet eine der schönsten und bestsortierten Bars der Stadt ihre Gäste. 1.500 Destillate, davon ca. 800 abwechslungsreiche Rum-Varianten. Eintauchen in eine alte Zeit mit roten Wänden, schwere Ledermöbel in mehreren Salons. Über die Gästeschar wacht ein Bild der Schirmherrin und Stummfilmdiva Henny Porten. Auch der trinkbegeisterte Regisseur Quentin Tarantino hinterließ einen Gruß aus den Dreharbeitszeiten zu „Inglorious Basterds". Lädt das Wetter dazu ein, gibt es die Cocktails auch auf der hübschen Sommerterrasse.

The Wihelmenian-style villa above the legendary Café Einstein houses one of the most wonderful and best-stocked bars all over Berlin. The bar has 1,500 distilled beverages, including around 800 different rums. The red walls and sumptuous leather furniture in the bar's many salons make you feel like you've stepped straight into the past. A photograph of silent film diva Henny Porter watches over the guests. Drinks connoisseur Quentin Tarantino even left a greeting during the filming of "Inglourious Basterds". Weather permitting, guests can enjoy their cocktails out on the luxurious outdoor terrace.

17

STAGGER LEE

Nollendorfstraße 27, T: 29 03 61 58, tgl. ab 19 Uhr, www.staggerlee.de

„Stagger" Lee Shelton erschoss am 24. Dezember 1895 seinen Kumpan in einem Saloon in St. Louis. Der Saloon könnte genau so ausgesehen haben wie diese Bar: rote Wandtapeten, Chesterfield Sofas, schummrige Glaslampen und eine Pistole in der Kasse auf dem Tresen. Wer sein Pferd außen anbindet und die Schritte in Richtung Theke lenkt, findet ein hervorragendes Sortiment, insbesondere von Tequila, Bourbon und Rye Whiskey. Grandios der „Stagger Lee Mint Julep" aus Bourbon, Zucker, Minze, Crushed Ice und eingelegten Kirschen, stilecht serviert im Silberbecher. Abgetrennter Raucherbereich.

On 24th December 1895, "Stagger" Lee Shelton shot his pal in a saloon in St. Louis. The saloon might have looked just like this one: red wallpaper, Chesterfield sofas, dim glass lamps and a pistol in the cash register on the bartop. Swinging doors lead to the rear area. Tether your horse outside and head to the bar for an excellent selection of tequila, bourbon and rye whiskey in particular. "The Stagger Lee Mint Julep", made of bourbon, sugar, mint, crushed ice and delicious home-preserved cherries, authentically served in silver cups, is fantastic. Separate smokers' area to the rear.

18

GREEN DOOR

Winterfeldtstraße 50, T: 215 25 15, Sa–Do 18–2 Uhr, Fr+Sa 18–3 Uhr, www.greendoor.de

Mehr als 20 Jahre lockt die Institution am Winterfeldtplatz bereits hinter ihre geheimnisvolle grüne Tür. Das 1960er-Jahre-Design wirkt zeitlos und der ewig lange Tresen fasziniert. Gründer Fritz Müller-Scherz widmete die Bar damals dem Jazzgitarristen Eddie Condon und seinem Song über eine Bar namens „Green Door" in New York. Heute dirigiert Arash Ghassemi die Tresen-Combo. Der Sieger des renommierten Bacardi Legacy Cocktail Wettbewerbs komponiert kreative neue Drinks und beherrscht die Klassiker souverän. Happy Hour von 18 bis 20 Uhr.

This Winterfeldtplatz institution has been enticing people behind its mysterious green door for over 20 years. The sixties-style interior is still remarkably modern, the seemingly endless bar fascinates. When he opened the bar, founder Fritz Müller-Scherz dedicated it to jazz guitarist Eddie Condon and his song about a New York bar called "Green Door". Today, Arash Ghassemi heads up the bar team. Ghassemi, winner of the prestigious Bacardi Legacy Cocktail Competition, composes creative new drinks and is a consummate professional where the classics are concerned. Happy Hour is from 6–8 pm.

19

VICTORIA BAR

Potsdamer Straße 102, T: 25 75 99 77, So–Do 18.30–3 Uhr, Fr+Sa 18.30–4 Uhr, www.victoriabar.de ♿

Eine der angenehmsten Bars der Stadt mit langer Tradition und noch längerem Tresen. Souverän, aber dennoch innovativ, werden hier Drinks seit 17 Jahren vom beständigen Team um Barkeeper-Legende Stefan Weber auf hohem Niveau gemixt, für fortgeschrittene Barflys ebenso wie für Anfänger. Herrlich der „Guyana Manhattan“ mit El Dorado Rum, Wermut und Bitters oder eine der zahlreichen Eigenkreationen, beispielsweise „Rosemary's Baby“ mit Reposado Tequila, Limette, Eiweiß, Zucker, Rosmarin und Salbei. Die Grande Dame der Berliner Barkultur, Beate Hindermann, berät souverän und liebevoll und serviert als Absacker bevorzugt das Hildegard Knef Gedeck (ein Shot Wodka und ein Glas Champagner) stilvoll auf dem Silbertablett. Treue Kunden erfreuen sich zudem an der illustren Kunstsammlung an den Wänden. Zuweilen werden Künstler eingeladen, sich dem Thema Bar gestalterisch zu widmen. Der flüssigen Fortbildung dient die „Schule der Trunkenheit“, unterhaltsame Vorträge über diverse Spirituosen und deren Historie mit passend servierten Drinks, aus der bereits ein Buch entstand. Als solide Grundlage für diverse Cocktails dient das hervorragende Barfood auch noch zu sehr später Stunde. Happy Hour von 18.30 bis 21.30 Uhr und Sonntag den ganzen Abend.

One of the city's coziest bars, with a long history. For the past 17 years, the loyal bar team surrounding bartending legend Stefan Weber has been mixing innovative drinks of the highest caliber. Both barflies and beginners will find the perfect drink here. The "Guyana Manhattan" is a real treat, with El Dorado rum, vermouth and bitters. Or try one of the bar's many original creations, such as the "Rosemary's Baby", complete with Reposado tequila, lime, egg whites, sugar, rosemary, and sage. Beate Hindermann, the Grand Dame of the Berlin bar scene, offers charming and confident recommendations, and her nightcap of choice is the "Hildegard Knef combo" (a shot of vodka with a glass of champagne) served on a silver platter. Loyal regulars love to admire the bar's art collection hanging on the walls. From time to time, artists are invited to devote their talents to bar-related themes. The "Schule der Trunkenheit" or "School of Insobriety" provides patrons with an entertaining education on the history of different beverages – complete with samples. The bar even published a companion book for the course. The food menu provides a solid basis for the diverse cocktails, and is served until late into the night. Happy hour is from 6:30 p.m. to 9:30 p.m. and all evening on Sundays.

20

TIGERBAR

Potsdamer Straße 92, T: 983 20 84 35, Di–Sa ab 18 Uhr, www.oh-panama.com/tigerbar ♿

Die Potsdamer Straße ist auf dem Weg vom Nuttenstrich zur Gastronomiemeile. In einem versteckten Hinterhof mit denkmalgeschützten Fabrikgebäuden findet sich die Tiger Bar, die zum Restaurant Panama gehört. In der Remise mit Glasfront werden Highballs gemixt. Frische Cocktails, angesetzt mit eigenen Infusionen, gemacht aus Kräutern der Restaurantküche. Es wird fermentiert, extrahiert, mazeriert. Die Ergebnisse sind gut als Aperitif geeignet. So der Thai Cucumber Drink mit Schmorgurke, Chili, Thaibasilikum, Holunderblüte und Wodka. Kleine Barsnacks.

Potsdamer Straße is transforming from red light district to gastronomic hub. Tiger Bar, which belongs to the restaurant Panama, is tucked away in a hidden courtyard surrounded by listed factory buildings. Behind the glass frontage of the extension building, the bar staff mix highballs and fresh cocktails, using the bar's own infusions created from herbs from the restaurant kitchen. The ingredients are fermented, extracted, or macerated to create the ideal aperitif: the Thai Cucumber Drink with braised cucumbers, chilli, Thai basil, elderflower and vodka, for example. Small bar snacks are also available.

Die **VICTORIA BAR** hat auf der Potsdamer Straße eröffnet, als es dort nur Kneipen, Imbisse und Nutten gab

When the bar first opened, there were only pubs, fast food and prostitutes on Potsdamer Straße

21

JAMBOREE

Marlene-Dietrich-Platz 2, im Grand Hyatt Berlin, T: 25 53 15 72, tgl 12–1 Uhr, Business Lunch Mo–Fr 12–15 Uhr, www.jamboree-bar.de

Der Wandel am Potsdamer Platz lässt sich trefflich beobachten, auf der Terrasse oder an den Fenstern der Jamboree Bar im Grand Hyatt Hotel. Fröhliche Beleuchtung und musikalische Motive begleiten das augenzwinkernde 1980er-Jahre-Leitmotiv der Bar. „The Roxy" mundet mit Wodka, Wermut, Basilikum, Limette, Gurke und Ginger Beer, „Guns'n'Roses" durch Gin, Rose, Himbeerpüree, Zitrone und Zucker. Passende Musik, schmackhaftes Barfood und eine treffliche Bierauswahl mit eigens für die Bar gebrauten Spezialitäten locken zu jeder Tageszeit zur Jamboree-Zusammenkunft.

The transformation at Potsdamer Platz is quite a sight to see – from high atop the terraces and window seats of the Jamboree Bar at the Grand Hyatt Hotel. The vibrant lighting and musical motives underscore the sassy, self-aware 1980s theme of the bar. "The Roxy" is a spicy blend of vodka, vermouth, basil, lime, cucumber and ginger beer. "Guns'n'Roses" is a sexy combination of gin, rose, raspberry puree, lemon and sugar. Original 80s music, tasty bar food and an impressive beer selection complete with exclusive brews invite guests to join the jamboree at any time of the day or night.

DIE NEUE TONIC-
REFERENZ
Schweppes
TONIC
PINK PEPPER
Schweppes
TONIC
ORANGE BLOSSOM
& LAVENDER
Schweppes
TONIC
ORIGINAL
CHININHALTIG
SCHWEPPES
PREMIUM MIXER
Schweppes
TONIC
HIBISCUS
SCHWEPPES
PREMIUM MIXER
1783
Schweppes

In Sesseln und Teppichen versinken: Im **CURTAIN CLUB** herrscht britische Club-Atmosphäre

To sink into chairs and carpets: a very British ambiance

22 VOX BAR

Marlene-Dietrich-Platz 2, im Hotel Grand Hyatt, T: 25 53 17 72, So–Do 18–1 Uhr, Fr+Sa 18–2 Uhr, www.vox-restaurant.de ♿

Unkonventionell und abwechslungsreich zeigt sich das neue kulinarische Programm im Grand Hyatt am Potsdamer Platz in Restaurant und Jamboree Bar. Klassisch bleibt die Vox Bar mit den schweren Ledersesseln und der opulenten Whisky- und Whiskey-Auswahl, die weit über die Grenzen Berlins hinaus hohes Ansehen genießt. Prall gefüllte Regale hinter dem Tresen verlocken dazu, Whisky-Aromen aus Schottland oder Japan zu erkunden oder die Bourbon-Vielfalt der USA zu entdecken. Das freundliche Barteam kuratiert individuelle Spirituosen-Flights.

The new culinary concepts at the restaurant and the Jamboree Bar at the Grand Hyatt on Potsdamer Platz have proven to be exciting and unconventional. The Vox Bar, on the other hand, is sticking to the classics, complete with heavy leather armchairs and an opulent selection of whisk(e)y, which enjoys a glowing reputation stretching far beyond the borders of Berlin. The cornucopia behind the bar invites guests to sample aromatic whiskies from Scotland and Japan or bourbons from the United States. The friendly staff curates individual flights.

23 CURTAIN CLUB

Potsdamer Platz 3, im The Ritz-Carlton, T: 337 77 61 96, tgl. ab 9 Uhr, Teezeremonie tgl. 14–18 Uhr, www.ritzcarlton.com/en/hotels/germany/berlin/dining/the-curtain-club ♿

Britische Club-Atmosphäre im Ritz-Carlton Hotel: Punkt 18 Uhr, am Ende der Tea Time, tritt der traditionell gewandete Beefeater vor den Vorhang, welcher der Bar ihren Namen verleiht, und verkündet feierlich die Eröffnung der Trinkstätte. Unter Leitung von Arnd Heissen genießt die Bar weltweites Ansehen, der Mixologe zählt zu den kreativsten seiner Zunft. Das belegen nicht zuletzet zahlreiche Preise, die der Curtain Club im Laufe der Jahre für die Qualität der Drinks und das Zusammenspiel der Bar-Mannschaft einheimste. Internationales Bar-Flair, oft vom Piano flankiert, versammelt eine bunte Schar aus Berlinern und Hotelgästen. Heissens Drinks sind gerne inspiriert von asiatischen Aromen oder feinsten Tee-Mischungen und zuletzt verstärkt von Agavendestillaten und weiteren Aromen Mittelamerikas. Uns erwarten sehr ungewöhnliche Trinkgenüsse, optisch fulminant präsentiert. Zum Wochenende oder für besondere Veranstaltungen öffnet zudem die Zweit-Bar „Fragrances“. Wie der Name schon sagt, stehen hier wechselnde Parfum-Klassiker Pate, von denen das Barteam sich inspirieren lässt, um dann daraus die Aromen zu dekonstruieren und sie in einen passenden Cocktail zu verwandeln.

A British club atmosphere in the Ritz-Carlton Hotel: At 6 p.m. on the dot, right after tea time, the traditional Beefeater makes its way to the front of the curtain from which the bar takes its name, heralding the official start of the drinking hour. This bar enjoys an international reputation. After all, its in-house mixologist Arnd Heissen is considered to be one of the most creative mixers of his generation. The sophistication of the drinks and the expert work of the Curtain Club's bar staff are met by equally qualified prices. The bar's international ambience, where the strains of a live piano can often be heard, draw a colorful crowd comprised of Berlin natives and hotel guests. Heissen's drinks are inspired by Asian aromas and fine specialty teas, and enhanced by distilled agave and other Central American flavours. Guests can expect unexpected pleasures presented with vibrant finesse. The second bar, Fragrances, opens on weekends and for special occasions. As the name suggests, the drinks are inspired by different classic perfumes. The bar staff works to deconstruct the original fragrances and transform them into the perfect cocktail.

SÜDLICHES SCHÖNEBERG
ROTE INSEL GIMLET BLAUE STUNDE

/ PLANTERS PUNCH, ERDNUSSLOCKEN, ROARING TWENTIES

24 SALUT BAR
25 MR. HU
26 HUDSON BAR
27 ZOULOU BAR
28 JANSEN BAR

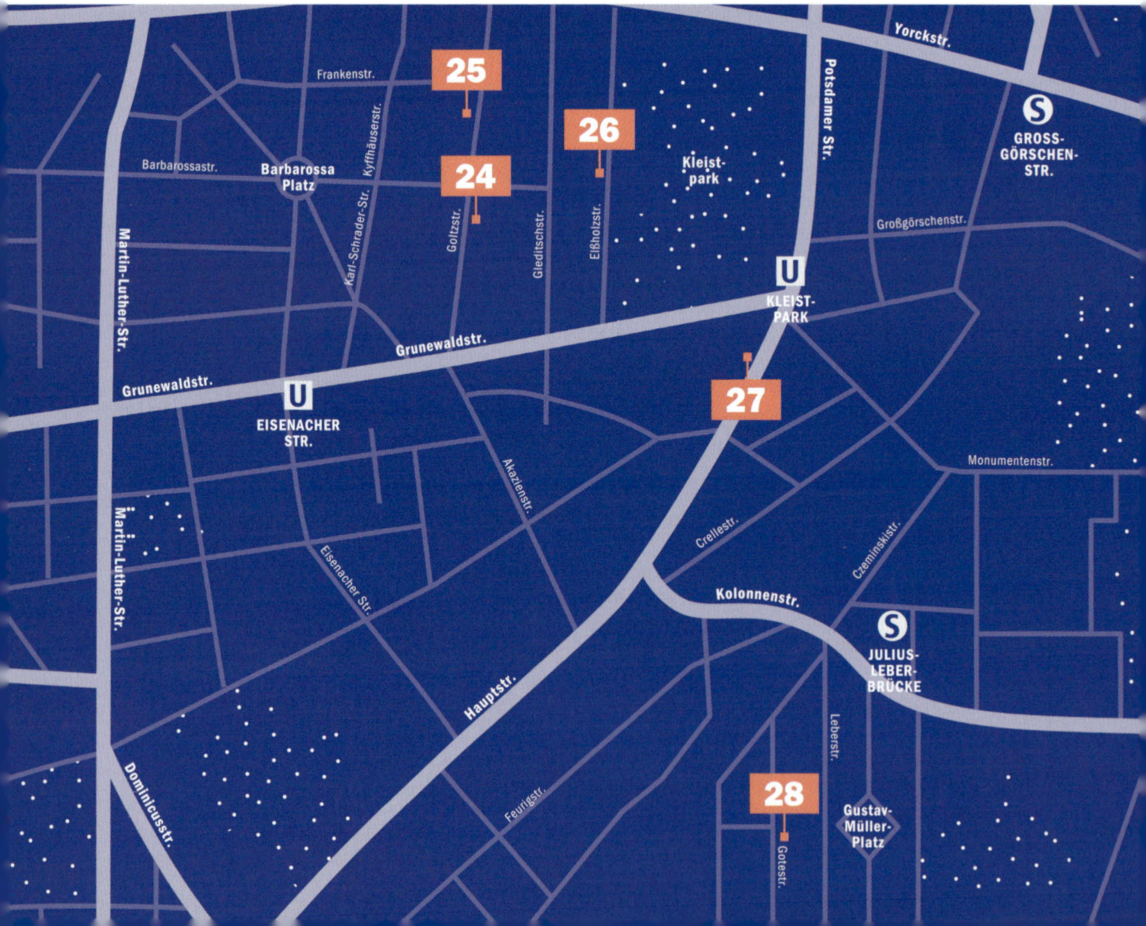

24

SALUT BAR

Goltzstraße 7, T: 74 69 85 04, tgl. ab 19 Uhr, www.salut-berlin.de ♿

Eine Dekade ist es her, dass die schöne Bar im Dekor der 20er Jahre ihre Pforten öffnete. Damals im Nachbarhaus mit winzigem Tresen und Gastraum. Heute ist die elegante Cocktail-Spelunke von Dejan Spasovki aus dem Kiez, aber auch aus der Cocktail-Szene Berlins, nicht mehr wegzudenken. Von außen leuchtet nur eine unscheinbare Lampe und man muss per Klingel Einlass begehren. Einmal eingetreten, laden zwei gemütliche Art-déco-Räume mit schweren Chesterfield Sofas, kleinen Tischen und einem schönen Tresen zum Verweilen ein. Dunkle Möbel vor goldenen Wänden. Die angebotenen Cocktails sind überwiegend Eigenkreationen und wirklich sehr innovativ, wofür ein engagiertes und überaus freundliches Barteam sorgt. Viele Tinkturen, Infusionen und weitere Zutaten sind hausgemacht. Die Karte wechselt auch recht häufig, so dass man als Gast nie gelangweilt ist. Ein Favorit, der in abgewandelter Form immer wieder vorkommt, ist der Sabroso mit Tequila, Ingwer und weißem Pfeffer. Strahlende Stammgäste erhalten ihr persönliches Messingschild am Tresen und treffen zudem oft auf internationale Gastbartender, die den kosmopolitischen Charakter der Trinkstätte untermalen, in der das Rauchen gestattet ist.

It's been a decade since this lovely 1920s-themed bar opened its doors. Back then it was tucked into the neighboring house with a tiny bar and a space for guests. Today, this elegant cocktail haven run by Dejan Spasovki is an institution both in the district and across Berlin.
From outside the bar, all you can see is a discreet lamp and a doorbell you must ring to enter. Once inside, guests encounter two inviting Art Déco rooms furnished with Chesterfield sofas, small tables, and an attractive bar. Dark furniture pops against the golden walls. Most of the cocktails are innovative originals, mixed by a dynamic and friendly bar team. Many of the bar's tinctures, infusions, and other ingredients are made in-house. The menu changes frequently, so there is never a dull moment. One house favorite which keeps returning to the menu is the "Sabroso", a mixture of tequila, ginger, and white pepper. Radiant regulars receive their own copper-plated place cards at the bar, which is frequently tended by international guest barkeepers, underscoring the cosmopolitan character of the establishment, in which smoking is also permitted.

25

MR. HU

Goltzstraße 39, T: 217 21 11, tgl. 18–3 Uhr, www.misterhu.de

Der Besuch von Mr. Hu ist für manche Schöneberger eine Zeitreise in die Jugend. Die Bar ist eine Institution seit 1994. Das Interieur ist unverändert, aber doch zeitlos und ungewöhnlich. Ein langer Mosaik-Marmor-Tresen durchzieht wie ein Felsen die Bar. Der Raum mit blau-grünem, buntem Glas erinnert ein wenig an die Höhle einer Unterwasserwelt. Auf der Terrasse lässt es sich chillig unter Bambuspflanzen sitzen. Eine sehr große Auswahl an internationalen Cocktails und Eigenkreationen wie „Liebesgrüße aus der Zahnarztpraxis". Happy Hour 18 bis 21 Uhr.

A visit to Mr. Hu is a trip back in time for many Schöneberg locals. The bar has been an institution since 1994. The unchanged interior is both timeless and unique. With a long mosaic marble bar top running through it, the bar with its blue-green, coloured glass is reminiscent of an underwater cave. On the terrace, guests can relax in the shade of the bamboo and enjoy an extensive selection of international cocktails as well as the bar's own creations like "With love from the Dentists". Happy hour 6–9 pm.

DAS BESTE KOMMT NOCH

Der Sänger und Entertainer Frank Sinatra trank stets Jack Daniel's Tennessee Whiskey. Ein bewährter Begleiter von „Ol' Blue Eyes" zu Lebzeiten. So legte seine Tochter ihm auf seinen Wunsch eine Flasche mit ins Grab. Dazu die Inschrift: „The Best is Yet to Come."

THE BEST IS YET TO COME

Singer and entertainer Frank Sinatra was a consummate drinker of Jack Daniel's Tennessee Whiskey. The drink was "Ol' Blue Eyes'" constant companion. His daughter even laid him to rest with a bottle, upon his request. The inscription read: "The Best Is Yet to Come."

26

HUDSON BAR

Elßholzstraße 10, T: 21 99 75 06, Fr+Sa ab 20 Uhr, Do nur wenn ein Brückentag folgt, www.hudson-bar.com ♿

Seit fast 30 Jahren gibt es diese Institution nun schon. Ein liebevoller Klassiker der Cocktailszene Berlins, nur an Wochenenden geöffnet, versteckt in einer unscheinbaren Seitenstraße. Die Cocktails sind vornehmlich bewährte Bekannte à la Hurricane oder Hudson Cooler. Das Barmenü entpuppt sich als unterhaltsame Lektüre voller Cocktail-Anekdoten. Die Einrichtung besteht aus Ledersesseln, gefliestem Boden und aufregenden Lampen, gefertigt aus Flipper-Elementen, die eine gemütliche Atmosphäre erzeugen. Die wenigen Barhocker sind stets von Stammgästen blockiert.

This institution has been around for almost 30 years. The classic fixture of the Berlin cocktail scene – which is only open on weekends – is nestled in an inconspicuous side street. The cocktail selection consists mainly of trusted classics like the "Hurricane" or the "Hudson Cooler". The menu itself is a cornucopia of entertaining tips and cocktail-related anecdotes. Furnishings include leather armchairs, tile floors and eccentric lamps made of old pieces of pinball machines – and all add to the relaxed ambience. The few barstools to be had are mostly taken by regulars.

27

ZOULOU BAR

Hauptstraße 4, T: 0172-314 02 07, So–Do 20–5 Uhr, Fr+Sa 20–6 Uhr, www.zouloubar.de

Das mysteriöse Symbol an der Bar erinnert ein wenig an ein Zeichen in „Tim und Struppi: Die Zigarren des Pharaos". Und tatsächlich handelt es sich um eine Raucherbar. Aber man benötigt keinen ägyptisch-royalen Stammbaum und auch keine afrikanische Bantu-Herkunft, um herzlich in der kleinen Bar aufgenommen zu werden. Ordentliche Drinks, reichlich entspannte Patina und ein Ort, der aufrichtig der Nacht gewidmet ist. Alles kann passieren. Ein netter Flirt, ein fetziges Gitarrensolo, eine Beziehungsbeichte – während der Barmann die Gläser poliert. Frühmorgens ein bewährter Ort für den letzten Absacker von Gastronomen, die von der Arbeit kommen. Irgendwie großartig.

The mysterious symbol on the bar is vaguely reminiscent of a sign from Tintin's "Cigars of the Pharaoh". Well, it is a smoker's bar after all. But you won't need to be descended from Egyptian royalty or fluent in Bantu to enjoy a night in this little gem. Solid drinks and a relaxed air make for a place that is thoroughly devoted to nighttime pleasures. Here, anything goes. Some friendly flirting, a wild guitar solo, maudlin personal confessions – all while the bartender calmly polishes the glasses. The bar is also a popular place for restaurant staff to enjoy their last nightcap after finishing up a shift. It's just an all-round great place.

28 JANSEN BAR

Gotenstraße 71, T: 0175-712 31 73, Di–Do, So 20–2 Uhr, Fr+Sa 20–3 Uhr, www.jansenbar.de ♿

Die berühmte „Rote Insel“ von Schöneberg wird durch die umgebenden Bahnschienen zum Eiland gemacht. Glücklicherweise dürfen die Insulaner sich über feine Drinks freuen, und das seit 1993. Die Beständigkeit der Barszene in Schöneberg ist wirklich beeindruckend. Damals ein Geheimtipp, kneipig getarnt durch eine Engelhardt-Reklame, leuchtet heute das helle „J“ die Straße entlang. Die Jansen Bar ist ein verlässlicher Nachbarschaftstreff mit mehr als 200 Cocktails. Von Gin Fizz bis Flying Kangaroo ist das Sortiment klassisch bis retro. Immer wieder musikalische Themenabende, insbesondere zu Frank Zappa.

Schöneberg's famous „Red Island“ is surrounded by train tracks on all sides. Luckily, its island dwellers suffer no shortage of fine drinks – not since 1993, anyway. Schöneberg's bar scene has remained remarkably steadfast over the years. Once an insider tip slung with an Engelhardt pub sign, the Jansen Bar now sports a glowing letter "J" on its storefront. It's a reliable neighborhood pub with over 200 cocktails on the menu – from the "Gin Fizz" to the "Flying Kangaroo" and from classic to retro. The bar hosts musical theme parties as well, and Frank Zappa is a particular favourite.

HIGH-END CHILL ROYAL IN DER MITTE BERLINS MANHATTAN ERWACHSEN

/
INTERNATIONAL AFFAIRS UNTER DEN LINDEN SOPHISTICATED SODA BERLINER LUFT

29 APARTMENT BAR
30 TAUSEND
31 MEISTERSCHUELER
32 SRA BUA BAR
33 WINDHORST
34 NEWTON BAR
35 203 IM FERNSEHTURM
36 THE GRAND

BERNAUER STR.
Arkonaplatz
Brunnenstr.
Kastanienallee
Schönhauser Allee
Zionskirchplatz
Veteranenstr.
Chausseestr.
NATURKUNDEMUSEUM
NORDBAHNHOF
Invalidenstr.
SENEFELDER PLATZ
Torstr.
ROSENTHALER PLATZ
Rosenthalerstr.
ROSA LUXENBURG PLATZ
ORANIENBURGER TOR
WEINMEISTER STR.
Hirtenstr.
Almstadtstr.
Rosa-Luxemburg-Str.
Münzstr.
36
Oranienburger Str.
ORANIENBURGER STR.
31
Albrechtstr.
Monbijou Park
HACKESCHER MARKT
ALEXANDERPLATZ
35
30
Karl-Liebknecht-Str.
Fernsehturm
Tucholskystr.
Schiffbauerdamm
FRIEDRICHSTR.
Friedrichstr.
33
Dorotheenstr.
BRANDENBURGER TOR
Unter den Linden
Charlottenstr.
KLOSTERSTRASSE
Behrenstr.
32
Französische Str.
Wilhelmstr.
FRANZÖSISCHE STR.
34
HAUSVOGTEIPLATZ
Taubenstr.
Mohrennstr.
MÄRKISCHES MUSEUM
MOHRENSTR.
STADTMITTE
SPITTELMARKT
Leipziger Str.

29

APARTMENT BAR

Heidestraße 62, T: 40 03 00 25 30, Di–Sa ab 19 Uhr, www.amanogroup.de/eat-drink/apartment-bar ♿

Der Hauptbahnhof vermittelt baustellenumringt den Aufbruch vom Niemandsland zum Mittelpunkt der Metropole. Kosmopolitische Getränkekultur bietet der 6. Stock des Amano Grand Central Hotels, in dem sich die mondäne Bar verbirgt. Hohe Decken und edle Materialien vermitteln ein elegantes Raumgefühl. Dazu kommt der Außenbereich mit sensationellem Blick über Regierungsviertel und Spreebogen. Der ankommende Reisende hat nach dem Durchirren des Bahnhofs womöglich einen Drink nötig. Wie wäre es mit „The Arrival“ aus Gin, Holunder, Grapefruit, Sellerie und Zitrone?

Berlin Central Station, surrounded by construction projects of all stripes, heralds the transformation of this former no-man's land into the heart of a metropolis. This bar, a glamorous symbol of cosmopolitan cocktail culture, is perched on the 6th floor of the Amano Grand Central Hotel. High ceilings and fine materials make for an elegant space. The outdoor area offers a spectacular view of the government quarter and the Spree River. After navigating their way through the chaotic station, travelers tend to be in need of a drink. How about "The Arrival", made with gin, elderflower, grapefruit, celery and lemon?

30

TAUSEND

Schiffbauerdamm 11, T: 27 58 20 70, Mi–Sa ab 19.30 Uhr, im Winter Di–Sa ab 19.30 Uhr, www.tausendberlin.com

Drink, Dine, Dance. Hinter einer Stahltür in der Bahnbrücke versteckt sich diese seit vielen Jahren angesagte In-Location. Nur an der Schlange kann man sie erkennen. In den Gewölben herrscht Partystimmung. Hipster, Promis, Geschäftsleute und aufwendig gestylte Frauen bevölkern den Ort. An dem recht langen Tresen darf keiner elaborierte Cocktailgespräche erwarten, aber die Drinks werden trotz des Andrangs sehr ordentlich serviert. Besonders zu empfehlen ist der Pink Mojito mit frischen Beerenaromen. Neben der Bar gibt es eine kleine Tanzfläche und das spannende Fusionrestaurant Cantina.

Drink, Dine, Dance! This hot spot, which has been on-trend for many years now, is hidden behind a steel door set into the railway bridge. Only the queue at the door gives it away. There's a party atmosphere beneath the railway arches with a crowd featuring a mix of hipsters, celebrities, businesspeople and over-styled ladies. While guests shouldn't expect any in-depth cocktail discussions at the long bar, despite the crowd, drinks are properly served. The Pink Mojito with fresh berry aromas comes highly recommended. Next to the bar is a small dancefloor and the exciting fusion restaurant "Cantina".

DER DÜNNE MANN

Es gibt wohl keinen Film, in dem so fröhlich getrunken wird, wie in "Der Dünne Mann". Der Kellner bringt Gläser. „Wie viele Drinks hattest du schon?", fragt Nora ihren Nick. „Dies ist mein sechster Martini". „Dann bringen Sie mir bitte fünf weitere!" fordert die Gattin.

THE THIN MAN

In almost no other film does drink play such a prominent role as in "The Thin Man." The waiter arrives with the glasses. "How many drinks have you had?" asks Nora. Her husband Nick replies, "This will make six martinis." Nora then promptly asks the waiter, "Will you bring me five more martinis?"

31 MEISTERSCHUELER

Friedrichstraße 105b, T: 22 00 22 88, Mo–Fr 12–4 Uhr, Sa+So 17–4 Uhr (Cocktails ab 19 Uhr), www.meisterschueler.net

So zentral gelegen und doch noch beinahe ein Geheimtipp: Unmittelbar über dem It-Restaurant Grill Royal, direkt am Spreeufer, befindet sich diese Mischung aus Galerie und Bar. Der Tresen bildet keine Barriere, sondern lädt zum Umherschweifen ein und versammelt illustre Gäste bis spät in die Nacht. Auf mehreren Etagen warten verschachtelte Räume und Kunstwerke. Herrliche Terrasse mit traumhaftem Blick auf Weidendammer Brücke und Bode-Museum. Das Barteam bereitet schmackhafte Drinks akkurat und berät die Gäste sehr gerne. Ein idealer Ort vor und nach dem Theaterbesuch.

Such a central location and yet still somewhat of an insider's secret: This mixture of gallery and bar directly above hip restaurant Grill Royal is located by the banks of the River Spree. The bar counter invites guests to have a wander around it. Famous faces stay until late into the night enjoying the interconnected rooms spanning several levels and the works of art on display, as well as a wonderful terrace with glorious views of the Weidendamm Bridge and the Bode Museum. The bar team prepares delicious drinks with precision and is happy to advise guests. An ideal spot for both pre- and post-theatre drinks.

32 SRA BUA BAR

Behrenstraße 72, im Hotel Adlon, T: 22 61 15 90, tgl. 19–23 Uhr, Bar Do–Sa 19–1 Uhr, www.srabua.berlin ♿

Willkommen im Lotosblütenteich. Das heißt Sra Bua übersetzt. Das Gastronomie-Konzept asiatischer Prägung, entworfen von Tim Raue, entwickelt sich beständig weiter. Das neue Barkonzept ergänzt die Kombination aus Asia-Fine-Dining und Izakaya-Konzept mit asiatisch inspirierten Drinks mit Zutaten wie Sake, Tee-Infusionen oder Yuzu. Spannend der „The Kidd" Cocktail mit einer Kombination aus einer Shochu-Tee-Infusion und Fino Sherry. Ein Blatt der Kaffir-Limette wird auf den Drink gegeben, welches zusätzliches Aroma absondert, je länger es der Gast im Glas behält.

Welcome to the Lotus Kingdom – that's "Sra Bua" in English. The Asian-inspired gastronomical concept developed by Tim Raue is constantly reinventing itself. The new bar concept expands upon the Asian fine dining and "izakaya" pub design, offering Asian-inspired drinks with ingredients such as sake, tea infusions and yuzu. "The Kidd" is an intriguing cocktail which combines a shochu tea infusion with Fino sherry. The drink is topped off with a kaffir lime leaf, which continues to aromatize the drink for as long as the guest chooses to keep it in the glass.

Das **SRA BUA** ist asiatisch inspiriert, bei den Drinks wie beim Interieur

Asian inspired drinks and interior

33

WINDHORST

Dorotheenstraße 65, T: 20 45 00 70, Mo–Fr ab 18 Uhr, Sa ab 21 Uhr, www.windhorst-bar.de ♿

Eine der besten echten klassischen Bars Berlins, im Herzen der Stadt und doch abseits der ausgetretenen Pfade. Der Tresen liegt in einer ruhigen Seitenstraße der Friedrichstraße versteckt und nur die drei unscheinbaren gelben Buchstaben BAR weisen darauf hin. Bar-Veteranen werden sich an die 90er Jahre erinnern, als die Bar in der Sicherheitszone der damals benachbarten US-Botschaft lag und man erst nach einem Security-Check trinken durfte. Betreiber Günter Windhorst schuf einen Ort, der sowohl zur blauen als auch zur späten Stunde zum Einkehren einlädt. Den Arbeitsbereich am Tresen konzipierte er selbst und so arbeitet er ruhig und effizient. Der Namensgeber folgt keinen Getränke-Moden, sondern wählt seine Zutaten unabhängig und souverän. So ist die Bar einer der wenigen Orte der Hauptstadt, der dem Gast südamerikanischen Pisco genussvoll näher bringt. Unprätentiös, ohne Chichi und Posing wird auf äußerst hohem Niveau gemixt, die Musik kommt von Vinyl. Connaisseure werden hervorragend beraten und können sich an den vielen Eigenkreationen der Bar erfreuen. Aber auch ein gepflegtes Bier vom Fass, eine köstliche Schinkenplatte oder ein anständiger Gin Tonic stehen bereit, wobei die Ginauswahl sehr beachtlich ist. Dieser Ort verkörpert ein zeitloses Bar-Ideal.

One of Berlin's best – and most authentic – classic bars. It's located in the heart of the city, but off the beaten path. The bar is nestled in a quiet side street near Friedrichstrasse with only three inconspicuous yellow letters to clue in potential patrons to its existence: BAR. Bar veterans from the 1990s will remember it as the bar in the security zone of the then neighboring U.S. embassy where you were required to pass a security check before you could get a drink. Owner Günter Windhorst has created an atmosphere that is inviting both during the day and at night. He designed the work area behind the bar himself, and he is a quiet and efficient bartender. Windhorst is not one for trendy drinks, and his choice of ingredients is cool and independent-minded. That makes this bar one of the city's only places where guests can enjoy a South American pisco. It's unpretentious, sparing its guests a lot of pomp and frill, but the drinks are expertly mixed and the music is played on the original vinyl. Günter Windhorst is always happy to make recommendations, and takes particular joy in his original cocktail creations. He also has excellent beer on tap and a delicious lunchmeat platter, and serves up a solid gin and tonic to boot, sourced from a very impressive gin selection – all in all the perfect embodiment of the timeless bar.

34

NEWTON BAR

Charlottenstraße 57, T: 202 95 40, So–Do 10–3 Uhr, Fr+Sa 10–4 Uhr, www.newton-bar.de ♿

Der Gendarmenmarkt gilt als der schönste Platz Berlins und mit Blick auf selbigen lässt es sich in dieser schicken Bar und auf der Terrasse gepflegt trinken. Ein Hauch von Schickeria liegt in der Luft. Viele Geschäftsleute und Touristen aus den umliegenden Hotels bevölkern diesen Ort. Die Cocktails sind ausnahmslos handwerklich gut gemixt, besonders zu empfehlen ist der „Prinz of Wales“, wie es sich gehört stilecht im Silberbecher serviert. Das berühmte Foto „Big Nudes“ von Namensgeber Helmut Newton dominiert den Innenbereich und ergänzt die dezent laszive Aura. Abgetrennte Zigarren-Lounge.

Gendarmenmarkt is considered to be one of the loveliest spots in Berlin and with views across the square, this chic bar and terrace are the perfect place to enjoy a sophisticated drink. Frequented mainly by local business people and tourists from the nearby hotels, the bar has an air of the jet-set around it. The cocktails are well-mixed without exception and the "Prince of Wales" is well worth a try, served in silver goblets. The famous photograph "Big Nudes" by the man after whom the bar is named, Helmut Newton, dominates the interior of the bar, adding to the subtly sexy atmosphere. Separate cigar lounge.

35

203 IM FERNSEHTURM

Panoramastraße 1a, T: 247 57 58 75, tgl. 10–24 Uhr, www.tv-turm.de/de/bar-restaurant

Sehenswürdigkeit, Wahrzeichen, Orientierungspunkt – der Fernsehturm am Alex ist mit 368 Metern Höhe das höchste Gebäude Deutschlands und sein drehendes Restaurant auf 207 Metern Höhe ein Besuchermagnet. Der Aussichtsbereich auf 203 Metern verfügt zudem über eine Bar. Der Stopp lohnt, weil das Barteam neben den Klassikern zahlreiche erfrischende Eigenkreationen anbietet und dabei gerne Berliner Produkte in den Fokus rückt. Beispielsweise besteht der „Green Berlin Sour“ aus Berlin Dry Gin, Waldmeister, Zitrone und Eiweiß. Happy Hour ist von 14 bis 16 Uhr.

Tourist attraction, landmark, point of orientation – the television tower at Alexanderplatz is Germany's tallest building at 368 metres and the revolving restaurant at 207 metres high is an enduring visitor magnet. What the majority of visitors don't know is that there's also a bar in the viewing area at 203 metres. A stop here is well worth it with a bar team serving the classics alongside refreshing creations of their own, preferably with a focus on local Berlin produce. The "Green Berlin Sour", for example, is made from Berlin Dry Gin, woodruff, lemon and egg white. Happy Hour is from 2–4 p.m.

36

THE GRAND

Hirtenstraße 4, T: 27 89 09 95 55, Mo–Sa 12–0 Uhr, So 12–22 Uhr, www.the-grand-berlin.com ♿

Gleich hinter dem Babylon Kino in einer kleinen Seitenstraße befindet sich ein ehemaliges, historisches Schulgebäude, heute illustrer Tempel der Mitte-Bourgeoisie für Party und Casual-Fine-Dining. Im Restaurant werden feine Steaks auf einem Robata Grill bei 800 Grad zubereitet. Einen Eingang weiter lädt die Bar im 20er-Jahre-Stil zum ruhigen Aperitif, Digestif oder auch nur zum Trinkvergnügen ein. Klassiker, Champagner-Drinks und Twists wie „Hubertus Punch“ oder „Dosenöffner“ stehen hoch im Kurs. Am späten Abend überwiegt dann meist die Partystimmung.

Directly behind the Babylon cinema, in a former school building on a small side street, stands this illustrious temple for party and casual-fine dining of the bourgeois Mitte set. The Grand restaurant serves up superior steaks, grilled on a robata grill at 800 degrees. The adjacent 1920s-style bar is the perfect place to have a quiet aperitif, savour an after-dinner nightcap or simply enjoy a drink regardless of the occasion. Classic cocktails, champagne-drinks and twists like "Hubertus Punch" or "Can Opener" are popular choices. Later in the evening, the party mood wins the upper hand.

NACHTZUMTAG GLANZ SPEAKEASY RUND UM DIE TORSTRASSE KLINGEL ART DECO

/

SCHÖNER SCHEIN CHAMPAGNE SUPERNOVA LOST IN TRANSLATION MONBIJOU PARK

- 37 REDWOOD
- 38 BUCK & BRECK
- 39 SHARLIE CHEEN
- 40 BONBON BAR
- 41 REINGOLD
- 42 TORBAR
- 43 PAULYSAAL
- 44 AMANO
- 45 G&T
- 46 BIJOU BAR

NORD-BAHNHOF
Invalidenstr.
Brunnenstr.
Veteranenstr.
Volkspark am Weinberg
Weinbergsweg
37
38
39
40
41
42
43
44
45
46
Gartenstr.
Bergstr.
Ackerstr.
Novalisstr.
Tieckstr.
Heinrich-Zille-Park
Torstr.
ROSEN-THALER PLATZ
Linienstr.
Koppenplatz
Rosenthaler Str.
Auguststr.
Sophienstr.
WEIN-MEISTER STR
Große Hamburger Str.
Tucholskystr.
Oranienburger Str.
Monbijouplatz
Monbijou Park
Neue Promenade
HACKESCHER MARKT
Am Kupfergraben
Friedrichstr.
Universitätsstr.
FRIEDRICH-STR.
Bodestr.
Dorotheenstr.
Karl-Liebknecht-Str.

37

REDWOOD

Bergstraße 25, T: 70 24 88 13, Di-Do 18-1 Uhr, Fr-Sa 18-2 Uhr, www.redwoodbar.de ♿

Der mächtige Holztresen aus Rotholz dominiert den Schankraum, der ansonsten eher improvisiert wirkt. Die eine Wand im Rohzustand, die andere mit grau-blauen Strukturen – das suggeriert ein trashiges Berlin-Flair. Doch die Drinks sind akkurat abgestimmt. Es wird viel Englisch gesprochen, und so ist die Nähe zur amerikanischen Prohibitions-Ära gegeben. Die Drinks aus jener Zeit stehen im Fokus, werden aber allmonatlich abgewandelt. Kühne Kreationen, wie der „Once upon a time in Irgendwo" mit Mezcal, Bourbon, Chartreuse, Wermut, Ananas und Sellerie Bitters sorgen für neugieriges Publikum.

The massive redwood bar dominates a space with an otherwise somewhat improvisational character. One wall looks ramshackle while another is covered in grey and blue structures – all in keeping with a "trash-chic" Berlin aesthetic. That said, the drinks are the picture of precision. You'll hear a lot of English spoken here, which gives the bar a hint of American Prohibition-style flair. Drinks from this era are focused on here, slightly changed monthly. Cool creations such as the "Once Upon a Time in Irgendwo" with mescal, bourbon, chartreuse, vermouth, pineapple and celery bitters play to a curious crowd.

38

BUCK & BRECK

Brunnenstraße 177, T: 0176-32 31 55 07, tgl. ab 19 Uhr, www.buckandbreck.com

Eine bunte Leuchtschrift im Eingangsbereich verrät: „Closed". Nicht irritieren lassen. Immerhin ist auf der Klingel „Bar" vermerkt – für zwei Bars. Der vordere, schwarz-goldene Raum wird von einem eindrucksvollen Tresenblock gefüllt, die Bartender zaubern mit etikettenlosen, aber farbcodierten Flaschen perfekt abgestimmte Drinks. Alkoholstarke Short Drinks der Prä-Prohibitionsära bestimmen das Angebot von Gonçalo de Sousa Monteiro, einem der anerkanntesten Mixologen des Landes. Im zweiten Raum umringen bequem gepolsterte Loungemöbel eine Art senkrecht hängende Arbeitsstation für Cocktails.

The colourful neon sign reads: "Closed". Don't worry, that's always there. The doorbell is labeled with the word "Bar". Through you'll actually find two bars. The front room, with its black and gold walls draped with artwork, is dominated by a single, prominent bar block. Bartenders juggle unlabeled – but colour-coordinated – bottles to create artfully crafted cocktails. High-octane pre-Prohibition-style short drinks are the stars of Gonçalo de Sousa Monteiro's repertoire – considered to be one of Germany's premier mixologists. In the second room luxuriant lounge furniture encircle a hanging cocktail workstation.

39

SHARLIE CHEEN

Brunnenstraße 196, T: 55 52 74 25, tgl. ab 18 Uhr, www.sharliecheenbar.berlin

Die Bar erzählt die Geschichte eines fiktiven Playboys mit Namen „Sharlie Cheen", geboren 1915, und begleitet ihn durch Leben und Leiden. Die Karte greift das amüsant auf und erklärt entsprechend die Drinks: „‚Goodbye, Motherfucker!' waren die letzten Worte, die sie mir entgegen schmetterte, bevor sie sich mit dem Kerl aus New York davon machte. Ich sah sie nie wieder. Aber ich fand einen Weg, mit der Situation umzugehen: Tanqueray Gin, Campari, D.O.M. Bénédictine, Orange Twist." Die Betreiber lieben Whisky und Gin. Bemerkenswert das Innendesign von den Berliner Tape-Art-Künstlern der Klebebande.

This bar tells the story of a fictional playboy by the name of "Sharlie Cheen". Beginning with his birth in 1915, his life is one of drinking, debauchery and despair. The menu provides an amusing narrative twist to go along with each drink: "'Goodbye, Motherfucker!' Those were the last words she hurled at me before she took off with that guy from New York. I never saw her again. But I found a way to cope: Tanqueray Gin, Campari, D.O.M. Bénédictine, orange twist." The owners are whisky and gin enthusiasts. The ceiling and the walls sport installations from the Berlin tape art collective "Klebebande".

40

BONBON BAR

Torstraße 133, T: 34 62 87 18, tgl. 19–3 Uhr, www.bonbonbar.de

Was für ein gelungener Neustart an der Torstraße. Barchef Dominic Bruckmann trägt hohes Mixtalent und hervorragende Gastgeberqualitäten in die abgedunkelten Räumlichkeiten mit den pfiffigen und dezenten Lichteffekten. Eine Hommage an den Art déco Stil. In den Samtsesseln und auch an den Barhockern lassen sich die Drinkkreationen trefflich genießen. Mit einem „Laffy Taffy" aus Genever, Limette, Apfel- und Zitronengras-Sirup sowie Sichuan-Pfeffer können szenige Mitte-Schwärmer die langen Nächte rings um den Rosenthaler Platz bis 3 Uhr früh herrlich ausklingen lassen.

An exciting nightspot on Torstrasse. Bar manager Dominic Bruckmann brings his mixological and hosting talents to bear on this new venture, an amalgam of cozy spaces splashed with stylish and clever lighting effects. A hommage to Art Deco. The velvet armchairs and barstools are the ideal place to enjoy an original cocktail creation. A "Laffy Taffy", made of jenever, lime, apple and lemongrass syrup as well as Szechuan pepper, is the perfect way for hip Mitte scenesters to party to the wee hours of the morning on the streets near Rosenthaler Platz.

41

REINGOLD

Novalisstraße 11, T: 28 38 76 76, Di-Sa ab 19 Uhr, www.reingold.de ♿

„Treffpunkt im Unendlichen" – so lautet der Titel des riesigen Wandbildes. Es zeigt Klaus und Erika Mann, zwei berüchtigte Nachtschwärmer im Berlin der 1920er und 30er Jahre. Goldtöne entlang der Wand hinter dem langen Tresen gesellen sich zum Dunkel der schweren Ledermöbel und vorzüglich gemixten Drinks. Besitzer David Wiedemann betreibt zudem die Barschule und bildet Barkeeper aus, das verpflichtet natürlich. Klassische Drinks gehören genauso zum Repertoire wie Eigenkreationen und Twists auf bewährte Rezepturen. Im Hinterzimmer wartet eine weitere Bar, wo die Flaschen von der Decke hängen.

"Rendezvous in Infinity" – that's the name of the gigantic image on the wall which depicts Klaus and Erika Mann, two infamous nighthawks in the Berlin of the 1920s and 30s. The gold highlights along the wall behind the long bar complement the dark, heavy leather furnishings and the expertly-crafted drinks. Owner David Wiedemann also runs a bar school and trains bartenders himself, so he's keen to set an example. Classic drinks, original cocktails and unique twists on traditional recipes are all part of the repertoire. A discrete back room houses a second bar where bottles hang from the ceiling.

WINSTON CHURCHILL

Stets beharkten sich der Staatsmann und Lady Nancy Astor. So soll Lady Astor Churchill erbost angefahren haben: „Wenn Sie mein Mann wären, ich würde ihren Drink vergiften", worauf Churchill erwiderte: „Lady Astor, wenn Sie meine Frau wären, ich würde ihn trinken!"

WINSTON CHURCHILL

The statesman and Lady Nancy Astor were always at each other's throats. In a fit of pique, Lady Astor once told Churchill, "If I were your wife I would put poison in your drink!" Churchill cooly replied, "Nancy, if I were your husband I would drink it."

42

TORBAR

Torstraße 183, T: 55 20 25 82, Di-Do 18-2 Uhr, Fr-Sa 18-3.30 Uhr, www.torbarberlin.eatbu.com ♿

Genuss trifft Party, Fine Dining trifft Classic Bar am Hotspot Torstraße. Mit rotem Leder und Chrom am Tresen umweht die Torbar zunächst einen Hauch von US-Diner-Style. Zu jeder Abendzeit herrscht andere Stimmung. Vom professionell gemixten Klassikerdrink à la Vieux Carré bis zu stets neuen Eigenkreationen von Barchef Ferhat Akbiyik. Dazu bereitet die Küche peruanisch und lateinamerikanisch angehauchte Happen auf hohem Niveau. Am späten Abend wird es dann enger, die Musik lauter und die Gästeschar beweglicher.

Pleasure meets party and fine dining meets a classic bar at hotspot Torstrasse. With a bar accented with red leather and chrome, the initial impression is reminiscent of US-diner style. However, come sundown, the mood changes with professionally mixed classics à la Vieux Carré to the constantly new home-grown creations of bar manager Ferhat Akbiyik. Meanwhile, the kitchen creates morsels with a hint of Peru and Latin America. As the evening progresses, the bar gets crowded, the music louder and the guests livelier.

Hinterzimmer des **REINGOLD**, von wo man schemenhaft durchs Wandbild sehen kann

A discrete back room, the bar's oversized picture can be seen from the rear

Besitzer der **TORBAR** ist Dieter Meier – ja, Yello

Owner is Dieter Meier – yes, Yello

43

PAULY SAAL

Auguststraße 11–13, T: 33 00 60 70, Di–Sa 12–14 Uhr, 18–21.30 Uhr, Bar bis 2.30 Uhr, www.paulysaal.com ♿

Die hübsche, stilsicher möblierte Bar ist mehr als nur ein Vorzimmer ins Sternerestaurant unter der Ägide von Arne Anker. Elegant und entspannt lassen sich Aperitif und Digestif in der Kombination aus jagdgrünen Wänden und hellbraunem Leder zelebrieren. Die waagerechten Elemente an Tresen und Regalen lassen Erinnerungen an die Architektur Frank Lloyd Wrights anklingen. Verlockende Drinks wie „Inspector Clouseau" mit Pfirsich-Gin, Mandel, Ingwer, Rosé und Limette ergänzen ein feines Barmenü für all jene, die lässig und ohne Sterne-Tam-Tam speisen möchten.

This handsome, stylishly furnished bar is more than just the front room of a Michelin-starred restaurant run by Arne Anker. Here, aperitifs and digestifs are paired to perfection with hunter green walls and light brown leather seating. The horizontal elements on the bar and shelves are reminiscent of the architecture of Frank Lloyd Wright. Seductive drinks such as the "Inspector Clouseau" with peach gin, almond, ginger, rosé and lime complement a fine food selection for anyone keen on a relaxed dining experience without the pomp of the Michelin menu.

AMANO

44

Auguststraße 43, T: 809 41 50, Mo–Fr 17–24 Uhr, Sa+So 16–24 Uhr, amanogroup.de/de/eat-and-drink/amano-rooftop-bar ♿

Die Bars der Amano Hotels stehen für eine neue Generation von Hotelbars. Die Zeiten langweiliger Lobbybars mit leidlich am Shaker angelerntem Servicepersonal sind vorbei. Stylisches Raumgefühl, DJ-Sets am Wochenende und natürlich kreative Getränkeideen machen die elegante Bar zum Treffpunkt der Mitte-In-Crowd. Elegante Hölzer umgeben den massiven Steintresen, von einem faszinierenden Beleuchtungskonzept vortrefflich illuminiert. Im Sommer bietet die große Dachterrasse einen prächtigen Ausblick zu Moscow Mule und Longdrinks.

The bars of the Amano Hotels are the flag bearers for a new generation of hotel bars. The era of boring lobby bars with undertrained service staff is over. Stylish spaces, DJ sets on the weekends and creative drinks have turned this elegant bar into a hotspot for the Mitte in-crowd. Stylish wood trim surrounds the massive stone bar, which is highlighted by a captivating lighting concept. In summer, the rooftop terrace is the perfect place to be and to enjoy a beautiful view accompanied by a Moscow Mule or a long drink.

45

G&T

Große Präsidentenstraße 6/7, T: 21 30 01 50, tgl. ab 18 Uhr, www.amanogroup.de/de/eat-and-drink/gin-and-tonic-bar ♿

Das Phänomen Gin & Tonic beherrscht derzeit die Bartresen und heimischen Spirituosensammlungen. 50 Gins und bis zu acht Tonics sind Standard in einer Zeit, in der der Gast sich diesem Longdrink sehr fortgeschritten annähert und stets auf der Suche nach Neuem ist. Hier wird er fündig. Diese Bar erstrahlt in edlem Glanz. Drei Dutzend goldene Mini-Propeller rotieren an der Decke über dem ansonsten in Schwarz gehaltenem Raum. Seltene Ginsorten, rare Tonics – und die Bartender beherrschen auch das Handwerk des Shakens und Rührens von Cocktails. Herrliche Dachterrasse im Sommer. Das Motto der Bar hängt gleich hinterm Tresen: Be nice or leave!

The gin and tonic craze is sweeping through the bar scene and the country's liquor collections. Fifty gins and up to eight tonics are the standard selection at a time in which guests are getting very cozy with this long drink and are always on the lookout for something new. Well, this is the place to find it. This bar sparkles with style and magnetism. Three dozen miniature golden propellers rotate on the ceiling of the space, which is otherwise completely black. Rare varieties of gins and select tonics are mixed by expert bartenders for whom shaking and stirring is second nature. In summer, the bar opens its beautiful roof terrace. G&T's motto is: "Be nice or leave!"

46

BIJOU BAR

Monbijouplatz 1, T: 61 62 03 00, tgl. ab 19 Uhr, www.monbijouhotel.com

Das Schmuckstück – Bijou – liegt versteckt im Inneren des Monbijou Hotels und sollte nicht mit der Lobby Bar im vorderen Bereich verwechselt werden. Einen Hauch von Speakeasy-Atmosphäre umweht den Raum. Ein sympathisches Barteam widmet sich vielfältigen Spirituosen, wobei gerne Whisky die Hauptrolle spielen darf. Originell verbindet „Bijou dich mal" Bourbon, Karamell, Schokolade und Erdnuss. Auch die Neuentdeckung des klassischen Herrengedecks regt die künstlerisch gestaltete Karte an. Spirituosen und zeitgemäße Brauspezialitäten bilden faszinierende Gespanne.

The gem – or "bijou" – of the Monbijou Hotel is hidden deep inside the building – and is not to be confused with the lobby bar out front. The room is infused with the atmosphere of an old speakeasy. The friendly bar staff expertly mix a diverse range of spirits, but whisky plays the lead role here. Their original "Bijou dich mal" is a mixture of bourbon, caramel, chocolate and peanut. The artistically-designed menu has also reinvented the classic "beer cocktail", mixing spirits and contemporary brews to create fascinating new compositions.

NEUE HELDEN
PRENZLAUER BERG
RAUCHAROMEN
ALICE IM WUNDERLAND

/ NICHT VON SCHLECHTEN ELTERN, GODOT, PRENZLAUER BOY

47 BECKETTS KOPF
48 GOLDEN PINEAPPLE BAR
49 FIFTY COCKTAIL HEROES
50 BRYK BAR
51 IMMERTREU
52 SAPHIRE
53 FAIRYTALE BAR

47

BECKETTS KOPF

Pappelallee 64, T: 44 03 58 80, So, Mo 20–2 Uhr, Di–Do 20–3 Uhr, Fr+Sa 20–4 Uhr, Okt–Apr jeweils ab 19 Uhr, www.becketts-kopf.de ♿

Die räumlich kleine, getränketechnisch aber ganz große Bar zur Verfeinerung der Sinne liegt versteckt im hinteren Teil der Pappelallee in Prenzlauer Berg. Oliver Ebert und Christina Neves bieten seit Jahren ein beständiges Getränkefeuerwerk. Ungewöhnliche Zutaten rings um Arrak, Korenwijn und Obstbrände, perfekt balancierte Aromenkombinationen und souveräne Präsentation zeigen, warum zuweilen der Begriff „Mixologie“ für die gehobene Form der Barkultur verwendet wird. Den literarischen Namen der Bar belegt das Menü. Statt Warten auf Godot sollte das Blättern im Werk von Beckett bevorzugt werden, denn zwischen den Buchseiten verstecken sich die köstlichen und anspruchsvollen Drinks, die literarisch elaboriert beschrieben sind. Ein Eldorado für durstige Schöngeister. Man darf sich nur nicht vom Eingang abschrecken lassen, denn dort schaut ein recht grimmiger Samuel Beckett hinaus und man muss den Mut haben, den Klingelknopf zu betätigen, um Einlass zu erhalten. Die getrennten rot-goldenen Räume im vorderen und hinteren Raum trennen Raucher und Nichtraucher. Wer nach einem Bier fragt, erhält von Oliver Ebert konsequent eine pure und herausragend gute Berliner Weisse vorgesetzt. Nur Barzahlung!

This tiny bar – with its not-so-tiny selection of drinks to tantalize the senses – is tucked into the back section of Pappelallee in Prenzlauer Berg. For years, Oliver Ebert and Christina Neves have been preparing explosive cocktail creations. Their unique ingredients, such as arrack, korenwijn (grain wine) and fruit brandies are balanced to perfection to create aromatic combinations presented with confident flair. It‘s a clear demonstration of the reasons why the term "mixology" is used to describe this form of elite bar culture. The menu is an homage to the literary canon. Instead of simply "Waiting for Godot", this bar leafs through the pages of Beckett‘s works to find the literary master‘s hidden references to delightful and sophisticated drinks. An "Eldorado" for thirsty aesthetes, perhaps? Don‘t be intimidated by the entrance, which features a singularly grim portrait of Samuel Beckett himself; brave guests must ring the doorbell to enter the establishment. The separate red and gold rooms at the front and back of the bar are for smokers and non-smokers, respectively. Beer drinkers will be rewarded with a fresh and outstanding glass of Berliner Weisse, tapped by Oliver Ebert himself. Cash only!

48

GOLDEN PINEAPPLE BAR

Sredzkistraße 65, T: 22 46 80 55, Mi–Sa ab 19 Uhr ♿

Für Barspaziergänger bietet der Prenzlauer Berg eine nette Nachbarschaft mit Bryk, 50 Cocktail Heroes, Perle und Immertreu rings um die Rykestraße. Die Golden Pineapple Bar (früher My June Bar) wirkt dabei wie das entspannt-verwohnte Wohnzimmer mit soliden Drinks, schummrigem Licht und lässigen Leuten. Neue Betreiber modernisierten jüngst das Drink-Konzept des Urgesteins. Im Winter lodert der Kamin heimelig. Im Sommer passt ein Negroni oder Gin & Tonic auf die freundliche Terrasse. Schwerpunkt jetzt neu auf Tiki-Style-Drinks.

The neighborhood surrounding Rykestraße in Prenzlauer Berg is a great place for a little bar crawl – Bryk, 50 Cocktail Heros, Perle and Immertreu are all in the area. Golden Pineapple Bar (former My June Bar) feels like a relaxed living room with dimmed lighting and cool clientele, and the new owners have just modernized the bar's drink concept. In winter, the fireplace is the perfect spot. In summer, a Negroni or a gin and tonic is best enjoyed out on the inviting terrace. Now, the new main focus is on tiki-style drinks.

49

FIFTY COCKTAIL HEROES

Sredzkistraße 62, T: 32 66 25 95, Mi–Sa ab 19 Uhr, www.fiftybar.de ♿

Ein großer Gemeinschaftstisch prägt das Entree der kleinen Bar mit 50 Quadratmetern für Cocktails und Helden, dahinter ein kleiner Bartresen mit einem halben Dutzend Hockern. Michael Blair verantwortet das fröhliche Getränkekonzept, das Cocktail-Novizen der Nachbarschaft genauso beglücken soll wie erfahrene Trinker und Barflys. Er bezeichnet seinen kenntnisreich kuratierten Tresen als „Mixologen Dive Bar". Favorit ist der „Prenzlauer Boy" mit einem eigenen Whisky Blend, Rote Bete, Kirsche, Balsamico und Ingwer. Dazu HipHop, und zwar Old School. Schöner Außenbereich im Sommer.

An enormous communal table stands at the front – the back is equipped with a small bar and half a dozen barstools. The 50-square-meter space offers plenty of room for cocktails and heroes alike. Michael Blair is responsible for the drink concept, which is designed to please cocktail novices as well as more experienced drinkers and barflies. He describes his expertly curated bar as a "mixological dive bar". One of the house favorites is "Prenzlauer Boy", made with a custom whisky blend, red beet, cherry, balsamic vinegar and ginger. The bar plays hip hop – old school hip hop. Lovely outdoor area for summer.

50

BRYK BAR

Rykestraße 18, T: 38 10 01 65, tgl. ab 19 Uhr, www.bryk-bar.com ♿

Die kuriose Buchstabenkombination ist die Verbindung aus dem englischen Wort für Backstein – brick – und der Rykestraße, an der die Bar beheimatet ist. Es beeindruckt das ausgefeilte Design der Bar mit den dunklen Farben, Kunstobjekten und dem verschachtelten Rückbuffet, bei dem man meint, die Flaschen wurden allesamt in eine Wellenbewegung versetzt. Kunstvoll sind auch die Drinks. Aufwendige Eigenkreationen faszinieren mit Kräutern und ausgefallenen Zutaten. Spannend auch die Gin & Tonics, aromatisierter Rauch steigt auf, wenn der Steindeckel auf dem Glas gelüftet wird.

The unusual combination of letters is an amalgam of the English word "brick" and Rykestraße, where the bar is located. A delight is the sophisticated design of the bar with its dark colours, black tiles and works of art. The design of the rear bar with its various compartments makes it seem almost as if the bottles are swaying to and fro. And the drinks are just as artistic: lavish inventions to fascinate the palette, with herbs and unusual ingredients. The Gin & Tonics fascinate with flavoured smoke that rises up when the stone lid is lifted from the glass.

Im **FIFTY COCKTAIL HEROES** sind Drinks wie Drinkmacher Helden

Drinks and bartenders are heroes alike

51

IMMERTREU

Christburger Straße 6, T: 0157-85 92 12 21, Mo–Sa 20–3 Uhr, www.bar-immertreu.de

Grün ist die Farbe der Hoffnung, und so leuchtet am Ende der Straße ein grünes Licht und verrät, dass die Bar geöffnet ist. Ihr Name leitet sich von einer berüchtigten Gangsterorganisation aus den 1920er Jahren ab, dem Ringverein Immertreu, die Atmosphäre der Trinkstätte evoziert die Zwanziger Jahre. Barchef Ricardo Albrecht, ein bodenständiger Typ mit hintersinnigem Humor, wurde für seine mixologischen Kenntnisse vielfach ausgezeichnet. Die Cocktails sind tadellos, insbesondere Fans von Spirituosen lieben sie. Deren Auswahl ist hervorragend, darunter einige extrem rare Schätzchen aus Melasse oder Mais.

Green: the colour of hope! At the end of the street, a green light shines to show that the bar is open. It takes its name from the infamous "Immertreu" gang of the 1920s and the atmosphere of this drinking establishment evokes the aura of the wild, golden twenties. Bar manager Ricardo Albrecht, a down-to-earth individual with a subversive sense of humour, has received countless accolades for his mixing skills. The cocktails are flawless and fans of spirits in particular love them. The selection is excellent and the shelves even house some extremely rare gems made from molasses or corn.

ENDE DER PROHIBITION
Prohibitionszeit heißt jene Phase in den USA von 1919 bis 1933, in der Herstellung und Handel von Alkohol verboten war. Am 5. Dezember 1933 um 16.31 Uhr verkündete Präsident Franklin D. Roosevelt ihr Ende mit den Worten: „Was Amerika jetzt braucht, ist ein Drink!"

THE END OF PROHIBITION
Prohibition refers to the years between 1919 and 1933 in the United States in which it was prohibited to produce or sell alcohol. On December 5, 1933 at 4:31 p.m., President Franklin D. Roosevelt officially ended Prohibition with the words: "What America needs now is a drink!"

52

SAPHIRE BAR

Bötzowstraße 31, T: 25 56 21 58, tgl. ab 20 Uhr, www.saphirebar.de

Die Bar im Bötzowviertel serviert ungewöhnliche Cocktailkreationen mit noch viel ungewöhnlicheren Namen: „Luxuskind", „Narzissmus" und „Mumien auf Eis" regen die Phantasie an, „Böse Mädchen" verführen den Gast mit Beefeater Dry Gin, Creme de Cassis, Cassisfruchtmus und einer Milch-Sahne-Mischung. Die Umsetzung und die ambitionierte Beratung sind vorbildlich. Das helle Ambiente mit beigen Ledersesseln und Holzpaneelen ist für die Gegend an der Grenze von Prenzlauer Berg zu Friedrichshain eher ungewöhnlich und vermittelt ein wenig die Atmosphäre eines futuristischen Bond-Films.

In this bar, located in the Bötzowviertel, exceptional cocktail creations with even more exceptional names are served: „Luxuskind" (luxury kid), „Narzissmus" (narcissism) and „Mumien auf Eis" (mummies on ice) inspire fantasies, „Böse Mädchen" (bad girls) seduce guests with Beefeater Dry Gin, Crème de Cassis, cassis compote and a milk-cream-mix. The execution and consultation are exemplary. The light ambience with beige leather chairs and wood panels are unusual for the area between Prenzlauer Berg and Friedrichshain and convey an atmosphere kind of like in a futuristic James Bond movie.

53

FAIRYTALE BAR

Am Friedrichshain 24, T: 0170-219 51 55, Di-Sa 20-2.30 Uhr, www.fairytale.bar ♿

Hinter einer unscheinbaren Tür, unweit des namensgebenden Märchenbrunnens im Volkspark Friedrichshain, öffnet sich auf Klingelzeichen eine andere, fantasievolle Welt. Bizarr geschminkte Gestalten führen den Gast in eine zugleich gemütliche und düstere Atmosphäre. Diese Nichtraucher-Bar erinnert an einen Film von Tim Burton. Den Raum prägen Gegenstände aus Alice im Wunderland und anderer Märchen. Die Karte ist aber der kurioseste Teil dieses Ortes, denn diese wispert tatsächlich leise Märchentexte und gibt so manche weitere Überraschung preis wie Düfte oder Häppchen.

The bar is located behind an unprepossessing door not far from the fairytale fountain from which it takes its name in Volkspark Friedrichshain. Ring the bell to be led into a fantastical world. Figures masked in bizarre make-up welcome guests into a cosy if somewhat gloomy atmosphere. This non-smoking bar is reminiscent of a Tim Burton film with a décor dominated by objects from Alice in Wonderland and other stories. However, the menu is the most unusual feature of the place, softly whispering fairytale texts presented along with some extra surprises like scents or snacks.

NONCHALANT GURKENSALAT BERGMANNKIEZ VIKTORIAPARK

/ TOSKANAFRAKTION, GEREIFTE AROMEN, IN DEN BESTEN JAHREN

54 KÜCHE BAR
55 GALANDER KREUZBERG
56 LIMONADIER
57 ZYANKALI
58 GALANDER HAIFISCHBAR

54

KÜCHE BAR

Tempelhofer Ufer 16, T: 23 54 29 26, Mo–Sa ab 17 Uhr, www.kueche-bln.com

Die besten Partys finden in der Küche statt. Also: hereinspaziert in die Küche Bar und ran an die hell-rustikalen Tische. Die Unterteilung der Barkarte ähnelt einer Speisekarte mit Amuse Gueule, Vorspeise, Hauptgang bis zum Dessert, nur dass die Gänge flüssig sind. Als Amuse Gueule könnte ein „Crasser Mönch" dienen. Ein Shot aus grüner Chartreuse mit Riesling vom Weingut Crass. Als Vorspeise käme eine fruchtig-erfrischende „Horny Berry" mit Stachelbeermarmelade, Sellerie-Bitters, Thymian, Limette und Gin in Frage. Herrlich komplex der „Gurkensalat" aus Dill Aquavit, Gurke, Zucker, Zitrone und weißem Pfeffer. Für Weinfreunde steht eine sehr ordentliche Auswahl bereit, mit der das Team aber auch mixt. So gibt es für die Rebensaft-Cocktails das Kapitel „Weinbegleitung". Hinter „Kinderteller" verbergen sich alkoholfreie Kreationen.

Barchefin Nina Zilvar schuf einen bezaubernden Ort mit herausragenden Drinks und einem charmanten Leitmotiv. Alte Küchenutensilien wie Backformen, Kochlöffel und Gefäße zieren Wände und Regale. Ein historischer Herd begrüßt die Gäste am Eingang. Gemixt wird nicht am Tresen, sondern an einem Küchenblock. Ein Raucherbereich ist abgetrennt. Kleine Speisen von Suppe bis Stulle gibt es natürlich auch!

All the best parties happen in the kitchen. So it's only natural for guests to be drawn to the airy rustic-style tables of the "Kitchen" bar. The bar menu is divided up like a dinner menu, with amuse-gueule, appetizers, mains and desserts – except that all of the courses are served in liquid form. One of these amuse-gueule is the "Crasser Mönch". That's a shot of Green Chartreuse with Riesling from the Crass winery. For an appetizer, try a fruity and refreshing "Horny Berry", made with gooseberry marmalade, celery bitters, thyme, lime and gin. The "Gurkensalat", or "cucumber salad", with dill aquavit, cucumber, sugar, lemon and white pepper is an exciting, complex mixture. Wine lovers have plenty to choose from and the bar has a prolific selection of wine cocktails. The "Children's Menu" has a selection of alcohol-free creations.

Owner Nina Zilvar's charismatic bar combines outstanding drinks with a charming theme. The walls and shelves are outfitted with kitchen utensils, such as baking dishes, cooking spoons and vessels of all shapes and sizes. An antique oven greets guests as they enter the space. The bar is replaced by a butcher block. The Küche Bar has a separate smoking area and serves up small dishes such as soups and sandwiches as well.

55

GALANDER KREUZBERG

Großbeerenstraße 54, T: 28 50 90 30, tgl. ab 18 Uhr, www.galander-berlin.de

Eine klassische Cocktail-Bar, in der man die Aura einer American Bar à la New York spürt. Die Bilder des „Rat Pack“ um Frank Sinatra und Dean Martin zieren die Wände. Flackernde Kerzen und Holzmöbel tragen zur Wohlfühl-Atmosphäre bei. Gute Cocktails, sorgfältige Longdrinks und eine feine Weinauswahl locken Nachbarn und Zigarrenfans regelmäßig in die Bar von Dominik Galander, der nebenan einen Spirituosenshop und weitere Bars unter seinem Namen betreibt. Galander ist eine Raucherbar. Wie Frank Sinatra bemerkte: „Ich werde aufhören zu trinken und zu rauchen – zum Beispiel unter der Dusche.“

A classic cocktail bar with a fine American-style aura, reminiscent of New York. The walls are covered in pictures of Frank Sinatra, Dean Martini and the "Rat Pack". Flickering candles and wooden furniture make for a feel-good atmosphere. Solid cocktails, exacting long drinks and a fine selection of wines draw a strong neighbourhood crowd to this bar, operated by Dominik Galander, who also runs a liquor shop and other bars in Berlin. The bar allows smoking, making it a favourite for cigar enthusiasts. As Frank Sinatra once said: "Sure, I'll stop smoking and drinking – when I'm in the shower."

56

LIMONADIER

Nostitzstraße 12, T: 0170-601 20 20, Mo-Do 19-2 Uhr, Fr+Sa 19-3 Uhr, www.limonadier-barkultur.de

Hier werden nach dem Vorbild historischer Getränkebereiter eigene Limonaden hergestellt. Neben der Detox-Option wird auch Alkoholisches anspruchsvoll gemixt. Hausgemachte Liköre, hochwertige Spirituosen und kenntnisreiche Bartender tragen zu einem charmanten Abend an diesem entspannten Ort zum Trinken und Kommunizieren bei. Die liebevoll gestaltete Karte beginnt mit einem Aromenrad, um die Qual der Wahl zu erleichtern. Die Atmosphäre ist bemerkenswert locker. Außer einem Tresen gibt es viele kleinere Tische und auch Bier, Wein und eben Limonaden.

This bar produces its own lemonades modelled after the historic drinks producers. As well as the detox-option, they also serve a range of expertly mixed alcoholic drinks. Home-made liquors, premium spirits and extremely knowledgeable bartenders all make for a charming evening in this relaxed venue for drinking and conversation. The lovingly designed menu opens with an aroma wheel, to make it a little easier to choose. The atmosphere is strikingly laid-back. In addition to the bar, there are lots of places to sit and enjoy a beer, wine or, of course, lemonade.

57

ZYANKALI BAR

Gneisenaustraße 17, T: 68 83 01 70, tgl. ab 16 Uhr, www.zyankali.de

„Institut für Unterhaltungschemie" lautet der Untertitel dieser Bar – und die Alarmfarbe Gelb dominiert Räume wie Karte. Man sitzt auf Krankenhausbetten inmitten eines Gruselkabinetts aus eingelegten Körperteilen, Atomschutzbunker-Design und Erlenmeyer-Kolben. Nicht unbedingt der beste Ort fürs erste Date. Aber das Getränkeangebot ist aufregend: Fassgereifte Cocktails, zahlreiche hausgemachte Essenzen, beispielsweise aus Basilikum oder auf Holzbasis. Absinth genießt hier einen besonderen Stellenwert, auch durch den hauseigenen Zyankali-Absinth mit 66,6 Prozent Alkohol.

The sign below the title reads "Institute for Entertaining Chemistry" – and both the menu and the bar itself are plastered in neon yellow. Guests are seated on hospital beds circumscribed by a cabinet of horrors full of pickled body parts, props from nuclear bunkers, and Erlenmeyer flasks. It's not exactly the place for a first date. But the menu is surprising with its selection of barrel-aged cocktails and numerous home-made essences, flavoured with basil or even wood. Absinthe is a key ingredient here, and the custom-made Zyankali absinthe is 66.6 percent alcohol.

58

GALANDER HAIFISCHBAR

Arndtstraße 25, T: 691 13 52 , tgl. 19–2 Uhr , www.galander.berlin/galander-haifischbar

Ein Stück bergauf im Bergmannkiez wurde einer bewährten Institution frischer Wind eingehaucht. Aufgenommen in die Galander-Bar-Familie ist nun auch die Haifischbar. Geblieben sind, nach der Renovierung in hellen, angenehmen Farben, die kuriosen Beleuchtungselemente in den Wänden und die Toiletten-Beschilderung mit Ken und Barbie. Die solide Bar-Handschrift von Dominik Galander ist erkennbar, und die Classic-Drinks sind mit besten Destillaten gut abgeschmeckt. Die Drinks der Karte sind bekannten Hollywood-Streifen gewidmet, wie „Breakfast at Tiffany's" oder „The Big Lebowski".

A little way up the hill in the district surrounding Bergmannstrasse, a beloved institution is learning some new tricks. The Haifischbar has now joined the famous Galander Bar family. The renovation brought with it an inviting ambience while keeping with the bar's original character, preserving its idiosyncratic lighting elements and its "Ken" and "Barbie" restroom signs. Dominik Galander's unique style is unmistakable and the classic drinks made with top-quality liquors are expertly mixed. The drinks are named after famous Hollywood reels, such as "Breakfast at Tiffany's" and "The Big Lebowski".

DER ALTE MANN UND SEIN RAT

Der Schriftsteller Ernest Hemingway ist mindestens genauso berühmt für seine Trunkenheit, insbesondere in der „La Floridita Bar" in Havanna. Er mahnt: „Zwei Dinge darf man niemals aufschieben. Ein hübsches Mädchen zu küssen und eine Flasche Whiskey zu öffnen!"

THE OLD MAN AND HIS ADVICE

Author Ernest Hemingway is just as famous for his drinking habits, particularly at "La Floridita Bar" in Havanna. He advises, "Never delay kissing a pretty girl or opening a bottle of whiskey."

GALANDER HAIFISCHBAR

3TAGEWACH HANDWERK KREUZBERG 36 AUF DIE 12 BOTANICALS ÇØCKTÄIŁ

/

ENTDECKUNGSDURSTIG KREUZBERGER NÄCHTE WÜNSCH DIR WAS KURATIERTER RAUSCH

- 59 WÜRGEENGEL
- 60 PRINZIPAL
- 61 APOTHEKEN BAR
- 62 FAHIMI
- 63 ROTER RABE
- 64 BAR MARQUES
- 65 SCHWARZE TRAUBE
- 66 JOHN MUIR
- 67 KANTINE KOHLMANN
- 68 HOMES

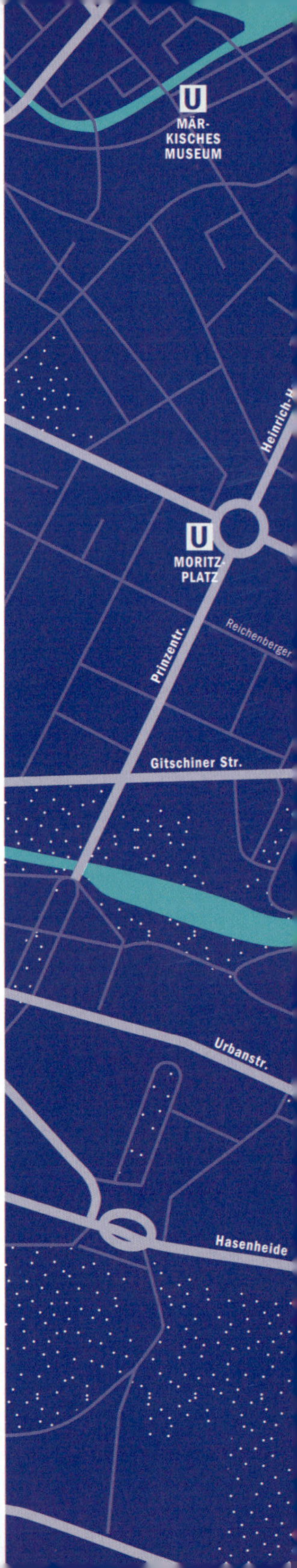

HEINRICH-HEINE-STR.
Köpenicker Str.
Michaelkirchstr.
OSTBAHNHOF
Straße der Pariser Kommune
Gubenerstr.
Marchlewskistr.
Helen-Ernst-Str.
WARSCHAUER STR.
Warschauer Str.
Mühlenstr.
Köpenicker Str.
Engeldamm
Mariannenplatz
Waldemarstr.
Wrangelstr.
Muskauerstr.
Naunynstr.
Eisenbahnstr.
Zeughofstr.
Oranienstr.
Lausitzer Platz
Skalitzer Str.
SCHLESISCHES TOR
Schlesische Str.
Skalitzer Str.
KOTTBUSSER TOR
GÖRLITZER BHF.
Spreewald Platz
Wrangelstr.
Görlitzer Park
Görlitzer Str.
Cuvrystr.
Reichenberger Str.
Wiener Str.
Paul-Linke-Ufer
SCHÖNLEINSTR.
Graefestr.
Dieffenbachstr.
Kottbusser Damm
Glogauer Str.
Lohmühlenstr.
Karl-Kunger-Str.
Friedelstr.
Urbanstr.
Heidelberger Str.
Pflügerstr.
Pannierstr.
Sonnenallee
Weserstr.
Bouchéstr.
HERRMANNPLATZ
Volkspark Hasenheide
59
60
61
62
63
64
65
66
67
68

59

WÜRGEENGEL

Dresdener Straße 122, T: 615 55 60, tgl. ab 19 Uhr, www.wuergeengel.de

Luis Buñuel schuf 1962 den faszinierenden Film „Der Würgeengel“, in dem eine Abendgesellschaft einen Raum nicht mehr verlassen kann. Diese Bar möchte keiner verlassen. Plüschig gemütlich, mit roten Sitzbänken, Glasdecke und einem Flair zwischen Salon und Modegeschäft im Stile der furiosen 1920er Jahre. Die Bar existierte bereits in einer Zeit, als es in Kreuzberg noch recht mutig war, mit Krawatte und weißem Hemd zu bedienen. Mit der Nähe zum Babylon Kino und mit dem benachbarten Restaurant „Gorgonzola Club“ lässt sich ein famoser Abend innerhalb von 20 Metern verbringen. Im Würgeengel gibt es anständige klassische Cocktails zu fairen Preisen, wie zwei feine Mai Tai-Varianten, ohne dass man elaboriert mit dem Barkeeper parlieren muss. Aber auch originelle Kreationen à la „Orfeu Negro“ mit Crème de Cacao, Amaretto, Cherry Brandy, Chili, frischem Orangensaft, Zitrone und Tonkabohne. An diesem Ort darf man einfach freudig trinken, natürlich auch Wein und Bier. Je später der Abend, desto voller die Bar und beeindruckender die Leistung des Personals, das souverän und präzise mixt und trotz allem Ansturms eine vorbildliche Willkommenskultur pflegt. Rauchen ist gestattet.

In 1962, Luis Buñuel made his fascinating film "Der Würgeengel", "The Exterminating Angel", in which the guests of a soiree are inexplicably unable to leave the room. Similarly, it's hard to tear yourself away from this bar with its plush, cosy décor, red benches, glass-latticed ceiling and the air of something between a salon and a fashion boutique in the style of the roaring 20s. Würgeengel has been around since the time it was pretty brave to serve drinks in a white shirt and tie in Kreuzberg. Its close proximity to the Babylon cinema and neighbouring restaurant "Gorgonzola Club" mean guests can enjoy the evening without having to walk more than 20 meters. The smartly dressed staff serve solid classic cocktails at fair prices, like two fine Mai Tai variations. But original creations a la "Orfeu Negro" featuring crème de cacao, amaretto, cherry brandy, chilli, freshly pressed orange juice, lemon and tonka beans are also available. This is a place to simply savour the joy of drinking, be it cocktail, wine or beer. The later it gets, the fuller the bar – and the more impressive the staff's work, who continue to mix with precision and remain wonderfully congenial and welcoming at all times. Smoking is permitted.

60

PRINZIPAL

Oranienstraße 178, T: 61 62 73 26, Di–Sa ab 20 Uhr, www.prinzipal-kreuzberg.com

Showtime! Hereinspaziert! Ein Druck auf die Klingel und die Pforte geht auf. Meist bittet ein rot-livrierter Doorman in der Pose eines Zirkusdirektors einzutreten. Das Logo der Bar zeigt eine sexy gekleidete Zylinderträgerin, die auf einem Fass schaukelt. Tatsächlich baumelt selbiges von der Decke, passend dazu die regelmäßigen Burlesque-Shows mit reizenden Damen und verwirrenden Zauberern. Ein aufwendiges Licht- und Soundkonzept sorgt für eine bemerkenswerte, gleichsam laszive und diskrete Atmosphäre auf den drei Etagen der Bar. Die Drinks tragen Namen wie „Date with Dita" oder „Monroe's Kiss". Preise um 10 Euro sind sehr angemessen.

It's showtime! Enter stage right! Just ring the doorbell and the gates will open. A doorman clad in red livery assumes the pose of a circus ringmaster, beckoning you to enter. The Prinzipal logo features a sexy, top-hatted performer swinging on a barrel, and inside, the bar's own hanging swing sets the stage for its regular burlesque show, featuring alluring dancers and fabulous magicians. The carefully-curated sound and lighting concept makes for a unique experience – both restrained and risque – throughout the bar's three floors. The drinks bear names such as "Date with Dita" and "Monroe's Kiss", making their 10 € price tags seem more than fair.

61 APOTHEKEN BAR

Mariannenplatz 6, T: 69 51 81 08, So-Mo 19-1 Uhr, Di-Do 18-2 Uhr, Fr+Sa 18-4 Uhr, www.facebook.com/apothekenbar

Zahlreiche heutige Barzutaten haben einen medizinischen Hintergrund. Angostura Bitters, Tonic Water und Mampe Halb und Halb wurden ursprünglich kreiert, um gegen Cholera oder Malaria zu helfen. Einige frühe Barmänner des 19. Jahrhunderts waren Pharmazeuten oder taten zumindest so. Dazu passt die Bar in einer alten Apotheke mit heilsamen Elixieren und angenehmer Atmosphäre. Die historischen Regale der ehemaligen Mariannen-Apotheke dienen nun als eindrucksvolles Rückbuffet und noch immer wird so manche Zutat für gut abgeschmeckte Drinks hier selbst angesetzt.

Many of today's bar ingredients have a medicinal background. Angostura Bitters, Tonic Water and Mampe Halb und Halb were originally created to counteract Cholera and Malaria. In the 19th century, some barkeepers were actually pharmacists – or at least pretended to be. The historic shelves of what was once the Mariannen Pharmacy now serve as an imposing rear buffet and some ingredients are still prepared on site for well-rounded flavourful drinks.

62 FAHIMI

Skalitzer Straße 133, T: 61 65 60 03, Di-So ab 20 Uhr, www.fahimibar.de

Versteckt liegt die eher schmuddelige Eingangstür zwischen Supermarkt und Parkhaus am Neuen Kreuzberger Zentrum (NKZ). Dahinter überrascht das elegante Interieur einer klassischen Cocktailbar. Barhocker im US-Diner-Style, darüber eine verwinkelte und kunstvolle Holzkonstruktion an der Decke. Ringsum nette Sitzgruppen vor nackten Wänden, Kreuzberg-Style. Feine Spirituosen und Drinks wie der „Zitronen Box" aus Pisco, Zitrone, Wermut, Amaretto und Apfelsaft. Am Wochenende DJs, an Dienstagen Lesungen und am Sonntag Pub Quiz. Ein bezaubernder Ort für viele Gelegenheiten.

The dingy door is tucked between a supermarket and a parking garage at the building Neues Kreuzberger Zentrum. Inside you'll be surprised to find the elegant interior design of a real, classic cocktail bar clad with diner-style barstools and an angular wooden ceiling sculpture. Seating clusters are spread across the room, with its Kreuzberg-style naked walls. The bar offers a fine selection of spirits and drinks, such as the "Zitronen Box" (lemon box), with pisco, lemon, vermouth, amaretto, and apple juice. DJs on the weekend, readings on Tuesdays, and a Sunday pub quiz – the perfect place for all occasions.

63 ROTER RABE

Kottbusser Straße 13, T: 91 45 06 11, Mo-Do, So 17-2 Uhr, Fr+Sa 17-3 Uhr, www.facebook.com/roterrabeberlin

Ein gemütliches Nest für schräge Vögel: Das hübsche Ecklokal nahe dem Landwehrkanal fand bereits unter dem Namen „Bruegge" zahlreiche Stammgäste. Im August 2016 zog das Team der Bar Sanatorium 23 von Friedrichshain nach Kreuzberg und begrüßt die Gäste mit einem Loriotschen „Krawehl, Krawehl!" Vogelgerecht gibt es Hahnenschwänze, also ordentlich gemixte Cocktails, und auch einen Zapfhahn. Die sorgfältige Bierauswahl passt auf die herrliche Außenterrasse unter schattigen Bäumen. Im Innenraum entspanntes Wohnzimmerflair und ein wohlbestückter Tresen. Unbedingt vorbeifliegen.

The "Red Raven" is a cozy nest for strange birds. This popular pub near the Landwehr Canal used to be known under the name "Bruegge". In August 2016, the team from the Sanatorium 23 in Friedrichshain moved to this new location in Kreuzberg. This bar does due diligence its bird motif with its exemplary cocktails – pun intended. There is also a fine selection of beer on tap, best enjoyed on the bar's outdoor terrace under the shade of the trees. The interior is relaxed, just like a living room complete with a well-stocked bar. Certainly worth a fly-by.

In der **APOTHEKEN BAR** serviert der Bartender Cocktails wie ein Medizinmann

In the Apotheken Bar the bartender is serving cocktails in the style of a medicine man

Wer die richtige unscheinbare Tür öffnet, kommt ins spektakuläre **FAHIMI**

To enter the spectacular Fahimi, the right inconspicuous door has to be opened

64

BAR MARQUES

Graefestraße 92, T: 61 62 59 06, Mo–Sa ab 19 Uhr, www.facebook.com/The-Bar-Marqués-256681761040219

Nicht jeder soll den Zugang zu der versteckten Kellerbar finden. Hinter dem Eingang in das spanische Restaurant verbirgt sich eine kleine und enge Treppe und entführt ein bunt gemischtes Publikum in die Atmosphäre eines klassischen englischen Herrenclubs. Alte Sessel und Sofas im Chippendale-Stil, ringsherum Wände in Jagdgrün mit prall gefüllten Bücherregalen und allerlei nostalgische Details bieten den Rahmen für den einen oder anderen Drink. Gerne fertigt das freundliche Personal einen individuellen Drink nach den Vorlieben und der Stimmung der Gäste.

The intention is that not everyone should be able to find the entrance to this hidden cellar bar. The entrance to the Spanish restaurant conceals a small, narrow set of steps that will lead you down into a colourful mix of guests with the atmosphere of a traditional English gentleman's club. Old Chippendale-style armchairs and sofas, walls in hunting green with book-lined shelving and all sorts of nostalgic details provide the backdrop for a drink or three. The friendly staff delight in preparing personalised drinks tailored to their guests' preferences and mood.

65

SCHWARZE TRAUBE

Wrangelstraße 24, T: 23 13 55 69, tgl. ab 19 Uhr, www.facebook.com/schwarzetraube1

„Klopfen und lächeln" empfiehlt das Schild an der Eingangstüre. Nackter Backstein trifft auf mondäne Tapete und rauer Charme trifft auf kauzigen Glamour. Wir müssen in Kreuzberg sein; In einem entspannten Wohnzimmer und zugleich in einer der besten Bars der Stadt. Insbesondere, wenn der mehrfach ausgezeichnete Bartender Atalay Aktas hinter dem winzigen Tresen steht und jeden Drink maßschneidert. Eine Karte gibt es nämlich nicht, das Personal berät die Gäste und fragt nach Laune und Geschmack. Die Preise sind fair und daher wird es meistens eng.

The sign on the door advises guests to "Knock and Smile". Inside, naked brick meets swanky wallpaper and raw charm meets idiosyncratic glamor. We have to be in Kreuzberg. It's just like chilling in a living room – except it's also one of the city's best bars. That goes double for when Atalay Aktas, the bar's resident expert, is standing behind the bar conjuring his custom-made cocktails. The bar hasn't got a menu – the staff mix special drinks for each guest based on their mood and tastes. The prices are fair – and that means space is at a premium.

66

JOHN MUIR

Skalitzer Straße 51, T: 0162-161 11 30, tgl. ab 18 Uhr, www.johnmuirberlin.com

Der Namensgeber dieser amerikanisch geprägten Bar war ein Naturwissenschaftler und Naturschützer, dem in den USA beispielsweise der Erhalt und Ausbau des Yosemite Nationalparks zu verdanken ist. Wenige Stufen führen ins Souterrain, und der Gastraum empfängt seine Besucher mit nackten Backsteinwänden, gedämpftem Licht und einem Klemmbrett mit einer originellen Getränkeauswahl, die alle acht Wochen wechselt. Die Experimentierfreude drückt sich beispielsweise im „Mrs Krabapple" aus. Bisongras-Wodka trifft auf Cranberry-Kompott und gewürzten Apple-Cider.

This American influenced bar is named after the scientist and conservationist responsible amongst other things for the establishment and expansion of the Yosemite National Park. Just a couple of steps lead down to the basement floor, where the guestroom welcomes visitors with its unclad brick walls, muted lighting and a clipboard featuring an original selection of drinks, which change every eight weeks. The bar staff's creative experimentation is evident in concoctions such as "Mrs Krabapple", a mix of bison grass vodka, cranberry compote and spiced apple cider.

67

KANTINE KOHLMANN

Skalitzer Straße 64, T: 85 61 11 33, Mo–Sa 18–24 Uhr, So 17–24 Uhr, Küche bis 23 Uhr, www.kantine-kohlmann.de

Kantig, cool und mit etwas Retro-Chic versehen, bringt die Kantine Kohlmann gustatorischen Pep in die Gegend um den Wrangelkiez. Das Restaurant interpretiert den Tapas-Gedanken pfiffig auf regionale und internationale Art und serviert Black Angus Tatar oder Kürbis mit Rauchmandel. Die abgetrennte, benachbarte Bar bietet gemütliche Sitzecken, einen Kamin und souveräne Longdrinks und Cocktails. Sehr originelle Eigenkreationen, wie der „Prince of Kreuzberg" aus Rye Whiskey, Mampe Halb und Halb, Quitten Bitters, Schokoladen-Vanille-Eis und Champagner. Große Gin-Auswahl.

Edgy and cool and with a hint of retro-chic, Kantine Kohlmann brings some culinary pizzazz to the Wrangelkiez. The restaurant has an ingenious take on tapas, serving a mix of regional and international dishes including Black Angus tartare or pumpkin with smoked almonds. The separate bar has comfortable seating and a fireplace and serves confidently mixed long drinks and cocktails. There are also a number of highly original signature drinks like the "Prince of Kreuzberg", made of Rye Whiskey, Mampe Halb und Halb, quince bitters, chocolate and vanilla ice-cream and champagne. Large selection of gin.

68

HOMES

Schlesische Straße 28, T: 75 44 26 88, Mo–Fr ab 12 Uhr, Sa ab 18 Uhr, www.homes-berlin.de

Frisch renoviert verbindet die Atmosphäre Street Art mit Vintage-Bar-Design. Zwischen Schlesischem Tor und Treptow findet sich die unprätentiöse, aber anspruchsvolle Bar von Torsten „Tosh" Dirschka. Neben den üblichen Trend-Cocktails werden Traditionsdrinks serviert und Eigenkreationen, wie der mysteriöse und in der Rezeptur streng geheime „Mama Ingula's Black Cocaine". Eine beachtliche Auswahl an hochwertigen Spirituosen stehen auch zum pur Verkosten zur Verfügung. Ein langer Bartresen mit ausgeklüglter Lichtgestaltung und der neu gestaltete Lounge Bereich sorgen für entspannte Vibes.

Freshly renovated, the feel here is a combination of street art and vintage bar design. This unpretentious but ambitious bar, owned by Torsten "Tosh" Dirschka, is located between Schlesisches Tor and Treptow. Traditional drinks are served alongside the standard trendy cocktails, as are special creations like the mysterious, top secret recipe "Mama Ingula's Black Cocaine". An impressive selection of top quality spirits can also be tasted neat. A long bar with clever lighting and the newly designed lounge area give a relaxed vibe.

BRUTAL LOKAL NEUKÖLLN MOTORSÄGE TRINKLABOR

/ SCHIEBERMÜTZEHOSENTRÄGER, RESTALKOHOL, ZIEGENPETER

- 69 GEIST IM GLAS
- 70 THELONIOUS
- 71 TIER
- 72 TWIN PIGS
- 73 VELVET
- 74 KEITH
- 75 HERR LINDEMANN

69

GEIST IM GLAS

Lenaustraße 27, T: 0176-55 33 04 50, tgl. ab 19 Uhr, Brunch Sa–So 10–16 Uhr, www.facebook.com/geistimglas

Eine rustikale Vintage-Wohnzimmeratmosphäre empfängt das junge Neuköllner Publikum nahe dem Hermannplatz bei Kerzenschein. Nach einem Feuer 2016 gelang es den Betreibern, Charakter und Stimmung der Bar zugleich neu und bewährt wiederzubeleben. Darauf wird mit frisch-kräutrigen Drinks, Old Fashioneds und Gin & Tonics bestens angestoßen. Am Samstag und Sonntag verwandelt sich die Bar von 10 bis 16 Uhr in einen familiären Treffpunkt für ein wochenendliches, entschlossen soulfoodiges Brunch. Auch dazu dürfen die passenden Getränke, also Mimosas aus Frucht und Schaumwein, nicht fehlen.

The young Neukölln crowd feels right at home bathed in the candlelight of this rustic bar, with its vintage living room ambience. The owners have performed wonders in renovating and revamping the character and atmosphere of the popular hangout after it was destroyed by a fire in 2016. That deserves a toast – complete with fresh, herbal drinks, Old Fashioneds, and gin and tonics. On weekends between 10 a.m. and 4 p.m., the bar, which is located near Hermannplatz, transforms into a family-friendly favorite for a relaxed, soul food-inspired brunch. That includes the perfect drink, of course – a mimosa made with fruit and sparkling wine.

Im **TIER** stimmt die Mischung zwischen Nerd und Nachbarschaft

At the "Tier" the mixture between nerd and neighbourhood is right

70

THELONIOUS

Weserstraße 202, T: 55 61 82 32, So-Mo 19-1 Uhr, Di-Sa 19-3 Uhr, www.thelonious-bar.de

Der Weserkiez hat sich inzwischen zur Adresse für anspruchsvolles Trinken gewandelt. Eine Anlaufstelle für anspruchsvolle Cocktailtrinker ist die Thelonious Bar. Ein zehn Meter langer Tresen inmitten des klassisch, dunkel gehaltenen Interieurs ermöglicht anregende Bargespräche. Die Drinks sind überwiegend kreativ abgewandelte Klassiker, ein Mai Tai wird z.B. mit einem Mango infusionierten Rum serviert. Stilecht kommen die Cocktails in geschliffenen Kristallgläsern. Für Biertrinker sind drei Ratsherrnbiere vertreten. Thelonious Monk würde als ideale Zeit für einen Besuch raten: „Round Midnight!"

The district around Weserstrasse has become famous for its sought-after bars – and one of the hot addresses for cocktail fans is the Thelonious Bar. This establishment's ten-meter-long bar, enveloped as it is in a classic, dark interior, is pure magic for bar conversations. Many of the drinks are creative takes on traditional classics, for example, a "Mai Tai" made with mango-infused rum. True-to-style, the cocktails are served in cut crystal glasses. Beer drinkers won't be disappointed either, with three Ratsherrn craft brews. According to namesake Thelonious Monk, the best time to pop in is "Round Midnight!"

71

TIER

Weserstraße 42, tgl. ab 19 Uhr, www.tier.bar

Ein Pionier der Barkultur im hippen Kreuzkölln. Vor zehn Jahren gab es hier eher studentische Kneipen mit faden Caipirinhas. Doch das Tier ist anders: Die Atmosphäre entspricht der Gegend, hier bekam man aber schon damals neben Bier, Wein, etc. elaborierte Drinks mit kompetenter Beratung. Kneipe und Cocktailbar zugleich. Das ist so geblieben, der Sazerac ist tadellos, aber auch saisonale Eigenkreationen sind sehr zu empfehlen. Die Einrichtung ist gemütlich mit Polstermöbeln zum chillen. Eine Kuriosität: Blofelds Perserkatze aus diversen James Bond-Filmen wird in Endlosschleife auf einem Schwarz-Weiss-Fernseher gekrault.

A bar pioneer in the hip Kreuzkölln district. Ten years ago, the selection here was limited to student dives serving up lazy caipirinhas. But Tier is a different animal altogether. The atmosphere is similar to many other neighborhood bars, but even back in the day, Tier's competent staff was serving up elaborate drinks alongside the regular beer and wine. It's both a pub and a cocktail bar. The sazerac is flawless, and the bar's seasonal creations are heartily recommended. The comfortable upholstered furniture makes Tier a great place to chill. A curious feature: a black and white television featuring Blofeld's Persian cat being stroked in an endless loop.

72

TWIN PIGS

Boddinstraße 57a, Ecke Isarstraße, Di-So 18-3 Uhr, Küche bis 23 Uhr, www.facebook.com/twinpigsbar

Nackte Backsteinwände, viel Holz und gedämpftes Licht bieten einen stimmungsvollen Rahmen für die Bar im zeitgemäßen Industrial-Chic. Der Charakter ist gemütlich und international, wie das Murmeln der Gäste beweist und die beiden Betreiber, Paulo de Araujo und Pär Hugo Kjellén, betonen. Fair bepreiste und teilweise sehr kreative Drinks kommen präzise zubereitet und charmant dekoriert zu den Gästen. Ein Musikkonzept und kulinarische Momente mit Austern, Fleisch und schmackhaften Häppchen ergänzen das flüssige Programm.

Naked brick walls, wood, and dimmed lighting provide an atmospheric canvas for this contemporary industrial-chic bar. The character of the bar is relaxed and international, a fact which is clear from the multilingual murmurings of its guests – and its owners, Paulo de Araujo and Pär Hugo Kjellén. Creative drinks at fair prices are precisely prepared and decorated for the guests. The alcoholic offerings are accompanied by a curated musical concept as well as oysters, meat, hors d'oeuvre and other culinary trappings.

73

VELVET

Ganghoferstraße 1, Mi-Sa ab 20 Uhr, www.facebook.com/velvetberlin

In einer kleinen Seitenstraße des kulinarisch aufstrebenden Neukölln leuchtet durch hohe große Fenster verführerisch und heimelig eine Bar der interessanteren Sorte. Nur wenige Bars der Stadt widmen sich ihren Getränkekreationen derzeit so ambitioniert und leidenschaftlich wie das Team der Velvet Bar. Das Experimentalstudio im Hinterzimmer beherbergt eine Zentrifuge, Flüssigstickstoff und eine elektrische Motorsäge für die hausgeschnittenen Eiswürfel. Es wird entsaftet, getrocknet, infusioniert und zu essigähnlichen Shrubs verarbeitet. Wöchentlich wird die Karte erneuert und die neuen Drinks werden mit frischen saisonalen Zutaten wie Waldmeister, Sanddorn oder Girsch ausbaldowert. Zuweilen sieht man das Barteam in den Prinzessinengärten bei der Ernte. Auch Deutschlands kulinarischster Kräutergärtner Olaf Schnelle gehört zu den regelmäßigen Lieferanten. Derweil bleiben die Mixologen stets auf dem Boden und glänzen als sympathische Gastgeber, die jeden verwöhnen, aber niemanden belehren möchten. Die Atmosphäre unter dem Himmel aus Glühbirnen ist angenehm und entspannt. Die Tische eigenen sich auch für ein romantisches Date und selbst die Barhocker sind herrlich bequem.

In one of the side streets of the up-and-coming culinary quarter of Neukölln, tall lighted windows lure visitors into a bar that's a cut above the rest. It's not many bars that dedicate so much passion and ambition to their recipes as do the staff of the Velvet Bar. The experimental laboratory in the back room houses a centrifuge, liquid nitrogen, and an electric saw for the custom-cut ice cubes. There, the staff juice, dehydrate, infuse, and process ingredients into vinegar-like "shrubs", or syrups. The menu is updated on a weekly basis and the new drinks are always flush with fresh, seasonal ingredients, such as sweet woodruff, sea buckthorn, or ground elder. The team can often be seen at the local "Prinzessinengärten" community gardens, and Germany's culinary herb gardener, Olaf Schnelle, is one of their regular suppliers. But all the while, these mad mixologists remain the picture perfect hosts – after all, the goal is to treat the guests, not to lecture them. The floating lightbulbs provide for a comfortable and relaxed atmosphere. The tables are a great spot for a romantic date and even the barstools are exceptionally comfortable.

74

KEITH

Schillerpromenade 2, So-Do 18-2 Uhr, Fr-Sa 18-3 Uhr, www.keithbarberlin.de ♿

Keith ist ein winziger Ort mit 5.000 Seelen in Schottland, in dem es aber drei berühmte Whisky-Destillerien gibt. Dementsprechend stehen in der neuen Whisky Bar im angesagten Schillerkiez rund 40 Whiskies auf der Karte, nicht nur schottische, sondern auch amerikanische, irische, aber auch solche aus sehr ungewöhnlichen Ländern für Whiskey, wie Taiwan oder Australien. Einige sorgfältig zubereitete Cocktails runden das Angebot der kleinen Bar ab. Natürlich gibt es auch mehrere Biere zur Auswahl, Craft Biere vom Hahn werden wechselnd angeboten. Die Einrichtung hat Wohnzimmerflair vor nackten Backsteinwänden. Gemütlich und zum Kiez passend. Regelmäßige Kunst-Happenings.

Keith is a tiny Scottish village with just 5,000 residents – and three famous whisky distilleries. So it's fitting that this new whisky bar in the up-and-coming Schillerkiez district has around 40 whiskies on the menu – and not all of them hail from Scotland either. There are also specialities from America, Ireland, and more unusual whisky destinations, such as Taiwan and Australia. The bar also offers a range of picture perfect cocktails as well as a rotating selection of craft beers on tap. The living room-style flair and naked brick walls make this bar a fitting – and cozy – addition to the neighborhood. Keith also regularly hosts art events and happenings.

75 HERR LINDEMANN

Richardplatz 16, So-Do 19-2 Uhr, Fr-Sa 19-4 Uhr, www.facebook.com/BarHerrLindemann

Die große Bar mit schöner Fensterfront und schickem Tresen bereichert Rixdorf. Die Einrichtung ist mixed Retro-Industrial Style mit der behaglichen Atmosphäre einer alten Stadtvilla. Peter Edinger lebt seine Leidenschaft für Heilkräuter aus. Auch der namensgebende Hr. Lindemann verkaufte Kräutlein, bis er wegen der psychodelischen Wirkung seine Kräutermanufaktur schließen musste. Spirituosen-Kräuter-Mischungen sind also Programm. Köstlich der „Ziegenpeter“, mit der aphrodisierenden Wirkung von Ziegenkraut, Rum, Wermut, Grapefruit, Zitronen und Bitters.

This spacious bar with its attractive frontage and smart bar counter is a real asset for Rixdorf. The décor is a mix of retro-industrial style and the comfortable feel of an old townhouse. Here, Peter Edinger lives out his passion for herbal remedies. The Mr. Lindemann, from whom the bar takes its name, sold his herbal remedies until the psychedelic side-effects forced him to stop production. Mixtures of spirits and herbal tinctures are the order of the day here. The "Ziegenpeter", with its aphrodisiac horny goats weed, rum, vermouth, grapefruit, lemon and bitters, is absolutely delicious.

NEUKÖLLN

EASYJET-SET FRIEDRICHSHAIN DANCING IN THE DARK BOOZE

/ NÖRGELKNETE, SALZKARAMELL, CHARLES DICKENS

- 76 CSA
- 77 BOOZE
- 78 GOLDFISCH
- 79 TIMBER DOODLE
- 80 MICHELBERGER BAR
- 81 CHAPEL

76

ČSA

Karl-Marx-Allee 96, T: 29 04 47 41, Mo–Sa ab 20 Uhr, im Sommer ab 19 Uhr, www.csa-bar.de ♿

Kalte Drinks statt Kalter Krieg. Im längsten Baudenkmal Europas, der früheren sozialistischen Prachtstraße Stalinallee, erinnert diese Cocktailbar daran, dass in Zeiten des Eisernen Vorhangs die tschechische Fluggesellschaft ČSA hier ihre Büroräume hatte. Die loungige Bar greift die Farbgebung der historischen Steinmauern innen auf, passende Lampen ergänzen den Raum zu einem eleganten Gesamtkonzept. Historisch und dennoch zeitlos wie die Inneneinrichtung sind auch die Drinks. Große Karte mit reichlich Auswahl für jeden Geschmack, ein beständiger Bar-Klassiker im ansonsten so schnelllebigen Friedrichshain.

Cold drinks not Cold War. In Stalinallee, Europe's longest architectural monument, which was once a Socialist grand boulevard, this cocktail bar is a reminder that, while the Iron Curtain was drawn, the Czech airline ČSA had its offices here. The décor of the relaxed bar echoes the colours of the historic stone walls, while matching lamps provide an elegant finishing touch. The drinks are both historical yet somehow timeless. The extensive menu has plenty to choose from whatever your tastes. A longstanding classic bar in the otherwise fast-paced district of Friedrichshain.

77

BOOZE

Boxhagener Straße 105, T: 95 59 11 45, Mo–Do 19–2 Uhr, Fr+Sa 19–4 Uhr, So 19–1 Uhr, www.booze-bar.de ♿

Die Ansage ist eindeutig: es geht um Booze, also um Schnaps, Fusel und Alkohol. Passend dazu wachen von den Wänden Terence Hill und Bud Spencer. Die räudige Drohung wird zum lustvollen Versprechen, denn ein famoses Team bereitet souveräne Drinks und reichlich eigene Kreationen zu. Die sonderbaren Bestellungen lauten auf „Nörgelknete" oder „Pussy Wagon" und führen zu hervorragenden Cocktails mit feinsten Obstbränden, Whiskey oder Gin. Alternativ fließt Rollberger Bier vom Hahn. Die Bar bietet reichlich Platz im vorderen Raum rings um den Tresen und in der Nichtraucher-Lounge hinten.

There's no mistaking the message: We're talking about booze – liquor, spirits, alcohol. How fitting, then, that pictures of Terence Hill and Bud Spencer hang on the wall to keep an eye on things. The vague threat becomes a hearty promise thanks to the fantastic team expertly serving classic drinks alongside an array of their own creations. Unusual orders carry names like "Pussy Wagon" and contain outstanding cocktails with finest fruit liqueurs, whisky or gin. Alternatively, Rollberger beer flows freely on tap. The bar has plenty of room at the front, as well as in the non-smoking lounge to the rear.

78

GOLDFISCH

Grünberger Straße 67, T: 97 00 20 70, Di–Sa 20–3 Uhr, So 20–1 Uhr

Ein weiteres Urgestein Berliner Getränke-Geselligkeit, welches jüngst einen Neustart und eine Aufwertung des Getränkekonzepts erfuhr. Die Bartender der Booze Bar schufen eine Zweit-Bar, die hohe Getränkequalität mit dem Witz augenzwinkernder Pseudo-Eleganz vermählt. Köstliche Eigenkreationen warten auf neugierige Friedrichshainer, wie der „Diesdasananas“ mit Rum, Gin, Kokos, Wermut, Ananas und Vanille. Aber auch ein fröhlicher „Picklebeg“ – Ardbeg Ten Whisky und Senfgurke – steht auf dem Programm der schummrigen Bar im Backsteinlook.

An classic Berlin bar which recently received a facelift, including a new, youthful drink concept. The bartenders of the Booze Bar took on a second bar where they could mix high quality drinks with an ironic crack at the pseudo-elegance of the bar scene. The curious Friedrichshainer is rewarded with delicious, creative cocktails, such as the "Diesdasananas", with rum, gin, coconut, vermouth, pineapple, and vanilla. Another classic at this dimly-lit brick bar is the "Picklebeg", an Ardbeg Ten whisky served with a pickle.

79

TIMBER DOODLE

Wühlischstraße 37, T: 0152-53 13 37 86, Di–Sa 19–2 Uhr, www.timberdoodle.de

Charles Dickens steht Pate für die charmante Cocktailbar mit knapp 20 Plätzen. Der Literat berichtet von einem Mischgetränk namens Waldschnepfe (=Timber Doodle), ohne das Rezept preiszugeben. Die umfangreiche Recherche von Barchefin Susanne Baró Fernández endete erfolglos und so schuf sie ihren eigenen geheimnisvollen „Timber Doodle“-Cocktail in leuchtendem Rot, serviert in einem Glas in Vogelform. Die Gäste an dem massiven Marmortresen raten munter, welche Ingredienzien sich wohl darin verbergen mögen. Aber Dickens-gleich gibt die Barchefin das Geheimnis des komplexen und erfrischenden Drinks nicht preis. Jeder Drink erzählt eine Geschichte. Der „Duncan und Lurguie“ beinhaltet Mauritius-Rum, Mandarinensaft, Salzkaramell und Champagner und erzählt zugleich die Geschichte des berühmten Briefes, den Edward Lewis 1847 an das Weinhaus Duncan & Lurguie schickte, um 30 Fässer Wein zu ordern. Frankiert war der Umschlag mit der roten und der blauen Mauritius. Der Gang in die Bar gleicht einer kleinen Zeitreise in das Viktorianische Zeitalter. Kronleuchter, Chesterfield-Sofas und antikes Rückbuffet sind die passenden Ausstattungsdetails. Single Malt Liebhaber können inmitten der sorgfältigen Spirituosen-Auswahl so manches Schätzchen entdecken.

This charming little cocktail bar with only 20 seats is inspired by Charles Dickens, who once described a mix drink known as the "Timber Doodle" without divulging the recipe. In spite of her exhaustive research, bar owner Susanne Baró Fernández was unable to uncover the true formula for the mysterious mixture, so she invented her own "Timber Doodle", a bright red cocktail served in a bird-shaped glass. The guests at the massive marble bar are left to ponder the contents of the drink for themselves. In classic Dickensian style, Fernández' recipe for the complex and refreshing drink is a closely-guarded secret. Every drink has a story to tell. The "Duncan and Lurguie" is a combination of Mauritius rum, mandarin orange juice, salted caramel, and champagne. The recipe recounts the story of an 1847 order sent by Edward Lewis to the Duncan & Lurguie vineyard for 30 barrels of wine. His envelope just happened to be posted with the red and blue Mauritius stamps, some of the rarest and most valuable postage stamps of all time. Upon entering the bar, guests embark upon a little journey back to Victorian times, complete with chandeliers, Chesterfield sofas, and antique bar shelving. Single malt connoisseurs are sure to find hidden treasures among the carefully curated selection of spirits.

80

MICHELBERGER BAR

Warschauer Straße 39/40, T: 29 77 85 90, www.michelbergerhotel.com ♿

Zunächst lautete der Name „Baustellen Bar“, später „Honolulu Bar“, aber unterm Strich bleibt sie einfach die Michelberger Bar. Und so heißt sie jetzt auch. Das Hotel, zu dem sie gehört, beherbergt viele Musiker, Querdenker und Kreative. Und dieses Innovationspotenzial setzt sich bei der Bar fort. Große Industriemarken haben Hausverbot. Gemixt wird ausschließlich mit Spirituosen und Likören kleiner, handwerklicher Anbieter. Michelberger stellt auch eine eigene Produktlinie her: Michelberger Booze. In Zusammenarbeit mit der Preussischen Spirituosenmanufaktur entstanden ein Kräuterlikör und ein Kräuterbrand. Entspannter Innenhof.

While the bar has had various names, including "Honolulu Bar", the essence remains the same. The eponymous hotel to which the bar belongs is home to many musicians, mavericks and creative types and this innovative potential spills over into the bar. You won't find the big brands here – all drinks are mixed exclusively using spirits and liquors produced by small, artisan beverage producers. Michelberger also has its own product line: Michelberger Booze, which created a herbal liqueur and a herb-based spirit in collaboration with the Preussische Spirituosen Manufaktur. The bar also boasts a relaxed inner courtyard that sometimes doubles as a concert venue.

81

CHAPEL

Sonntagstraße 30, T: 0157-3 2000032, Di–Mi 18–1 Uhr, Do 18–2 Uhr, Fr–Sa 18–3.30 Uhr, www.chapel.berlin

Sonntags gehen manche in die Kirche, andere lieber in die Chapel, ein Vintage Wohnzimmercharme mit goldener Patina, schummriger Beleuchtung – und immer wieder legen DJs die passenden Bar-Sounds auf. Ein sympathisches und souveränes Tresenteam sorgt für gute Stimmung und reichlich Stammgäste. Frische Zutaten und selbst gemachte Sirups sowie Infusionen sorgen für einfallsreiche Drinks und souveräne Cocktail-Klassiker mit besten Spirituosen. Anspruchsvolle und chillige Trinkstätte für die aufstrebende Gastro-Gegend rings um das Ostkreuz.

Some people go to church on Sundays, others prefer the Chapel: with its vintage living-room charm, golden patina, dim lighting and DJs that keep the right bar tunes coming. A friendly and confident team means the mood is good and keeps guests coming back. Fresh ingredients as well as home-made syrups and infusions guarantee inventive drinks and superior classic cocktails made from the best spirits. A high-brow but laid-back drinking establishment for the up-and-coming gastro district around Ostkreuz train station.

JOTWEEDEE
BARS IM VERBORGENEN
RHABABERA
RARITÄTEN
HOLY SPIRITS
FUNDSTÜCKE

/

GUTE AUSSICHTEN
SPREESIDE WHISKY
SPUR DER STEINE
BOTANISCHER GARTEN

- 82 BASALT
- 83 OFFSIDE
- 84 GEORGE R.
- 85 SKYBAR
- 86 SOLAR
- 87 KAISERDIELE
- 88 CLANDESTINE
- 89 LOCH NESS
- 90 DUKE BAR

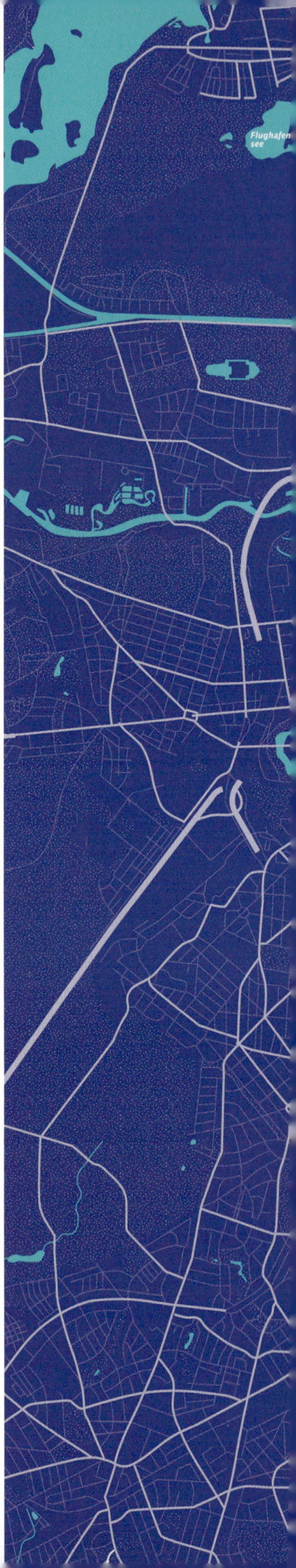

82
NAUENER PLATZ
83
BORN-HOLMER STR.
GESUND-BRUNNEN
84
BIRKEN-STR.
85
LANDS-BERGER ALLEE
86
KOCHSTR.
87
RÜDESHEIMER PLATZ
88
RATHAUS STEGLITZ
89
BOTANISCHER GARTEN
90
KÖPENICK
SPINDLERS-FELDE

82

BASALT

Utrechter Straße 38, T: 0163-1600 626, Winter ab 19 Uhr, Sommer ab 20 Uhr, www.facebook.com/basaltberlin

Der Name der Bar klingt nach Gestein und so ist die Innengestaltung auch bemerkenswert stylisch für den Wedding und greift Steine und Fliesen als Materialien auf. Die grünen Fliesen an Wand und Tresen leiten über zu dem zweiten Aspekt des Raumes: Zusätzlich blüht in der Bar auch üppiges Grün und eine botanische Vielfalt setzt einen stimulierenden Gegenpunkt. 7 Euro für einen Gin Tonic, ein feines Pils, Cider und dann eine herrliche Auswahl an ungewöhnlichen Drinks mit vielen selbstgefertigten Zutaten, wie Marmeladen und frischen Säften. Cocktails um 9,50 Euro. Abgetrennter Raucherraum.

This bar's interior echos the theme of its volcanic namesake with stones and tiles, producing a look that is remarkably stylish for Wedding. The green tiling in the walls and bar bridge the aesthetic synapse to the bar's second visual motif, the verdant green foliage of its sumptuous botanicals. Taken together the two elements produce a stimulating juxtaposition. The menu includes gin and tonics for 7 €, a fine pilsner, excellent cider, and an impressive selection of unconventional drinks made with custom-made ingredients, including marmalade, and juices. Cocktails for 9.50 €. Separate smoker's lounge.

83

OFFSIDE

Jülicher Straße 4, T: 60 26 73 17, Mo–Fr ab 17 Uhr, Sa+So ab 15 Uhr, www.offsidewedding.de

Ein wahres Mekka für Whisky-Interessierte. Vom Anfänger bis zum Fachtrinker kommen alle auf ihre Kosten. Kein Wunder bei einer Auswahl von 1.000 Variationen. Alle Regionen Schottlands sind vertreten, aber auch Spezialitäten aus allen Ecken des Erdballs. Von Japan über Indien, USA und Schweden bis nach Deutschland. Stammtische, Einsteiger- und Raritätentastings werden regelmäßig angeboten und bieten eine Kombination aus Geselligkeit, Information und flüssigen Köstlichkeiten. Dazu eine gute Auswahl an Bier und Cider. Die Betreiber veranstalten zudem die Messe „Spreeside Whisky".

A true Mecca for whisky enthusiasts. Both beginners and connoisseurs will find what they're looking for here. No wonder with a selection of over 1,000 whiskies. There's one from every region of Scotland, and specialties from around the world – from Japan to India, the U.S., Sweden, and even Germany. The bar hosts regular meet-ups for beginners as well as tastings of rare finds, a convivial combination of fascinating tips and liquid delights. Offside has an excellent selection of beer and cider, too. The owners also organize the "Spreeside Whisky" fair.

84

GEORGE R

Wilhelmshavener Straße 57, T: 52 66 69 33, Mo–Sa ab 19 Uhr, So ab 16 Uhr, www.george-r.de

Der Namensgeber George Remus, Apotheker zu Prohibitionszeiten, verdiente illegal sehr viel Geld mit Alkohol, wurde aber gefasst. Sein Zellengenosse wurde entlassen und brannte mit Remus' Frau und dem versteckten Geld durch. Nach seiner Freilassung erschoss Remus seine Gattin, wurde aber wegen Unzurechnungsfähigkeit freigesprochen. Wenn das kein Grund zum Trinken ist. In der kleinen Bar in Moabit werden weit überdurchschnittlich Cocktails gemixt, dazu gibt es wechselnde Craftbiere. Auch die Gin & Tonic-Auswahl verdient Beachtung. Das Ambiente ist cool und gemütlich zu gleich.

This bar's namesake, George Remus, was a pharmacist during Prohibition who was making a lot of money on the sly selling moonshine. Remus was arrested, and while he was waiting it out in prison, his cell mate was released and promptly took off with Remus' wife – and his fortune. Upon his own release, Remus shot and killed his wife – but then he was declared certifiably insane and subsequently set free. If that's not a reason to drink... This tiny bar in Moabit mixes better-than-your-average cocktails and serves up numerous craft brews. Noteworthy gin and tonic selection, the ambience is cool and relaxed.

Grün, grüner
BASALT

*Green, greener
Basalt*

85

SKYBAR

Landsberger Allee 106, T: 45 30 53 26 14, tgl.18–2 Uhr, www.skykitchen.berlin ♿

Auch Lichtenberg bietet kulinarische Höhepunkte. Sternekoch Alexander Koppe bereitet eine von Berlin und der Region inspirierte Küche und die angeschlossene Skybar serviert die passenden Drinks, begleitet von einem phänomenalen Blick auf die Hauptstadt. Aus der 14. Etage fällt der Blick auf die Skyline rings um den Fernsehrturm und auf Friedrichshain und Mitte. Elegante Loungemöbel und ein geschicktes Lichtkonzept machen den Aufenthalt besonders bei Nacht zu einem Erlebnis. Dazu gut komponierte Cocktails wie der „Our Rhabarbera“ mit Grand Marnier, Vodka, Limette, Rotem Basilikum, Rhabarber Shrub und Erdbeeren.

Lichtenberg has some of its own culinary highlights, too. Michelin-starred chef Alexander Koppe heads up a kitchen inspired by local ingredients from in and around Berlin, and the attached Skybar serves up drinks to match, along with an unparalleled view over the metropolis. From way up on the 14th floor, you can gaze across the skyline to the Television Tower. Elegant lounge furniture and a sophisticated lighting concept truly elevate this bar, particularly at night. And let's not forget the bar's unforgettable cocktails, such as "Our Rhabarbera", with Grand Marnier, vodka, lime, red basil, rhubarb shrub and strawberries.

86

SOLAR

Stresemannstraße 76, T: 0163-765 27 00, So–Do 18–2 Uhr, Fr+Sa 18–3 Uhr, www.solarberlin.com

Mitten in der Stadt und doch abseits der üblichen Pfade– Eine Autowerkstatt am Askanischen Platz weist den Weg in den Hof, wo ein Außenfahrstuhl die Gäste direkt in den 16. Stock bringt. Angekommen, geht es zunächst in das Restaurant, das mit einer frischen deutsch-mediterranen Küche abwechslungsreiche Menüs bereitet. Eine Treppe führt eine Etage weiter nach oben, wo sich die Bar befindet, die mit ihren drei Fensterfronten und einem Blick über beinahe ganz Berlin auf Anhieb fasziniert. Auf Lederhockern oder auf der Schaukel lassen sich hier die herrlichsten Sonnenuntergänge der Stadt betrachten. Solide Drinks und regelmäßige DJ-Sets.

Central and still off the beaten path. An auto shop on Askanischen Platz marks the path to the courtyard where an outdoor elevator zips guests directly up in to the 16th floor. Once there, the first stop is a restaurant serving fresh German-Mediterranean cuisine from a colorful, varied menu. A set of stairs leads guests up yet one more floor to the bar. With three walls of floor-to-ceiling windows, Solar offers a breathtaking view over most of Berlin. Get ready to enjoy the city's best sunsets from this bar's leather stools – or even from its indoor swing. Solar completes the package with solid drinks and regular DJ sets.

87

KAISERDIELE

Südwestkorso 62, T: 82718221, tgl. 18-23 Uhr, April bis Okt. ab 16 Uhr, www.kaiserdiele.com

Überraschung in Friedenau. Das hübsche Gebäude mit dem markanten Giebel aus dem Jahr 1917 markiert das Wärterhäuschen einer ehemalige Wendeschleife für Straßenbahnen. Wo früher der gestrenge preußische Bahnbeamte die Weichenanlagen steuerte, hütet heute Oliver Lloyd Boehm ein vorzügliches Sortiment an Weinen und Gin. Selbstverständlich stehen auch andere Spirituosen für allerlei Cocktailvergnügen bereit, aber unter kundiger Anleitung des Gastgebers machen die Gin-Cocktails, Martinis und Highballs am meisten Freude. Sehr hübscher Außenbereich in der warmen Jahreszeit.

A surprising find in sleepy Friedenau. The attractive building with its distinctive gable dating back to 1917 used to serve as a station house at a former loop in the streetcar track. Once a hectic hub where Prussian train attendants monitored railroad switches, this hut now houses an impressive array of wines and gin under the auspices of Oliver Lloyd Boehm. Of course, the bar is equipped with spirits to cater to any cocktail taste, but thanks to the expert supervision of the host himself, the gin cocktails, martinis and highballs are among the most beloved beverages. The outdoor area is perfect for the summer months.

88

CLANDESTINE

Berlinickestraße 1a, T: 47 01 26 83, www.clandestine-berlin.de

Schauspielerin Tamara Simunovic stammt aus Steglitz, und so war es für sie sonnenklar, dass sie ihre Bar in ihrem Heimatbezirk eröffnet. Rote Wände, behagliche Ledermöbel und eine freundliche und nachbarschaftliche Atmosphäre empfangen die Gäste. Kleine mediterrane Speisen mit Baguette, Schinken und Käse bieten eine Grundlage für eine Auswahl an 120 Cocktails, darunter einige Eigenkreationen wie „Physco“ aus Pisco, Zitrone, Limette, Zucker und Physalis (8,50). Zuweilen spielen Musiker live und Studenten erhalten Dienstags bis Donnerstag alle Cocktails 1,50 Euro günstiger.

Tamara Simunovic grew up in Steglitz, and it was clear to her that this is where she would start her career – both as an actress, and a bar owner. Here, guests are greeted by sumptuous red walls, comfortable leather furniture, and a relaxed atmosphere. Small Mediterranean appetizers such as baguettes, ham, and cheese lay down the groundwork for the selection of over 120 cocktails, some of which are original creations, such as the "Physco", with pisco, lemon, lime, sugar, and physalis (8.50 €). The bar sometimes hosts live music, and on Tuesdays and Thursdays, students get a 1.50 € discount on all cocktails.

89

LOCH NESS

Roonstraße 31a, T: 83 21 02 89, Di-Do 17-24 Uhr, Fr 17-1 Uhr, Sa 17-24 Uhr, www.loch-ness-pub.de ♿

Der Weg zum Botanischen Garten lohnt sich für Whiskyliebhaber, denen aber eine Reservierung dringend empfohlen sei. Die eigenwilligen Betreiber gestatten keine spontanen Stehgelegenheiten für unangekündigte Ankömmlinge in dem gut besuchten Lokal mit einem abgetrenntem Kaminzimmer für die Raucher. Die Auswahl und die Beratung für die 700 Whiskyvariationen sind tadellos. Die Gastgeber leben leidenschaftlich ihre schottische Mission und holen vor Ort immer wieder Whiskys, aber auch rare Fässer, von schottischen Brauereien ab. Haggis-Speisungen und Tastings runden das Angebot ab.

For true whisky lovers, this bar is worth the trek out to the Botanical Gardens – but make sure to make a reservation. The headstrong owners won't provide standing room for spontaneous arrivals to this popular establishment, which features a separate room with a fireplace for smokers. However, they do offer expert recommendations on their selection of 700 whiskies. The hosts are passionate about their Scottish spirits and are constantly visiting the Kingdom to purchase new whiskies and pick up rare barrels from Scottish breweries. Haggis and whisky tastings round off the menu.

NÜCHTERN BETRACHTET

...

Kingsley Amis, Autor des, nun ja, praxisorientierten Ratgebers „Glücklich Trinken" weiß, wie man mit Katerstimmungen umgehen sollte: „Stellen Sie bereits beim Aufwachen laut und deutlich fest, wie glücklich Sie sich schätzen dürfen, dass es Ihnen derart dreckig geht." Ohnehin sei es ja so, und das sei geradezu ein unumstößlicher philosophischer Grundsatz, „dass wer glaubt, einen Kater zu haben, gar keinen Kater habe." Die von Kingsley Amis empfohlene nachhaltigste Therapie eines solchen bleibt indes einem realtiv kleinen Personenkreis vorenthalten: „eine halbe Stunde in einem offenen Propellerflugzeug fliegen."

A SOBERING VIEW

...

Kingsley Amis, author of the rather practical guidebook "Everyday Drinking" knows how to handle a bad hangover: "Immediately on waking, start telling yourself how lucky you are to be feeling so bloody awful." However, the hangover is governed by an undeniable philosophical principle which states that, "those who believe themselves to have a hangover almost certainly do not." However Amis' recommended therapy may only appeal to a small crowd: "Go up for half an hour in an open aeroplane."

90

DUKE BAR

Freiheit 15, Köpenick, T: 0163-704 20 79, Di-Sa ab 20 Uhr, www.duke-bar.de

Die „Freiheit 15" gilt als ideale Veranstaltungslocation in der Köpenicker Altstadt. Hinter den alten Gemäuern verbirgt sich ein alter Theatersaal, davor ein entspannter Biergarten unter Bäumen, und ein Zweimaster von 1891 schaukelt in der Müggelspree. Die Bar ist in Beige- und Holztönen gehalten und beherbergt auch eine Barschule mit abwechslungsreichen Seminaren und Verkostungen rund um Spirituosen und Mixen. Zahlreiche Drinks rings um Whiskey Sour oder Gin Tai bieten für jeden Geschmack etwas, ansonsten beraten die Barkeeper. Ab und an gibt es passend zum Barnamen jazzige Live Musik.

"Freiheit 15" is the best address for a party in Köpenick's Old Town district. This old theater space and its relaxed beer garden, concealed by ancient walls, is the perfect place to sit in the shade of the trees and watch ships sail by on the Spree. The bar, clad in subdued beiges and wood tones, also hosts a bartending school and an array of seminars and tastings for spirits and mixed drinks. With a range of drinks spanning from the classic "Whisky Sour" to the "Gin Tai", there is something for everyone – and the bartenders are happy to offer individual recommendations. True to title, the bar often hosts live jazz music.

HOPFEN MALZ BIERBARS 1516 FASSANSTICH

/ **INDIA PALE ALE, CALIFORNIAN WHEAT, SOURBEER, BERLINER WEISSE**

91

STONE BREWING

Im Marienpark 23, T: 21 24 340, Mo-Sa 12-24 Uhr, So 10-22 Uhr, Küche Mo-Do bis 22 Uhr, Fr+Sa bis 23 Uhr, So bis 21 Uhr, www.stonebrewing.eu ♿

Die Kult-Brauerei aus Kalifornien mit einem besonderen Faible für IPAs, investierte 25 Millionen Dollar in die gewaltige Anlage mit Brauerei, Restaurant, Biergarten und Veranstaltungsräumen. In dem schönen Ambiente des historischen Gaswerks von 1901 lockt die fröhlich-frische Küche von Robert Hilges und Brauwaren aus mehr als 60 Zapfhähnen zu einem Ausflug in Berlins Süden. Neben Stone-Klassikern wie Arrogant Bastard, Ruination IPA oder Cali-Belgique gibt es weitere internationale und auch deutsche Handwerksbiere. Dazu Seminare, Braumeister Dinner und Events.

The cult California brewery with a soft spot for IPAs invested 25 million dollars in this enormous complex comprising a brewery, restaurant, beer garden and event location. The fresh and simple cuisine of Robert Hilges together with beverages from more than 60 taps served in the beautiful surroundings of the gasworks dating from 1901, provide the perfect excuse for a trip to the south of Berlin. As well as classic Stone brews like Arrogant Bastard, Ruination IPA or Cali-Belgique, the menu also includes a number of other international and German craft beers. Seminars, brewmasters' dinner and events.

92

BIRRA

Prenzlauer Allee 198, T: 37 47 70 71, Mo 18-24 Uhr, Di-Do, So 18-1 Uhr, Fr+Sa 18-2 Uhr, www.facebook.com/birra2016 ♿

Bier aus dem Weinland Italien? Betreiber Manuele Colonna erwartet viel von Berlin: „In den nächsten Jahren wird Berlin sich zu dem place-to-be für Bierkultur in Europa entwickeln". Biere der Mailänder Lambrate-Brauerei, einem Klassiker der italienischen Craft-Szene, bilden den Schwerpunkt in der urigen Wirtshausatmosphäre. Stattliche 18 Zapfhähne aus Kupfer bieten ein umfassendes Sortiment mit Weizen oder Wiener Lager. Kenntnisreich kuratierte fränkische Traditionsbiere als Verneigung vor der deutschen Bierkultur. Köstlich die passenden Speisen mit Käse, Porchetta, Aufschnitt, Würsten, Panini.

Beer from the traditional wine country of Italy? Owner Manuele Colonna has great expectations for the German capital and predicts "Berlin is set to become the place-to-be for beer culture in Europe in the next few years." Beers from Milanese brewery Lambrate, a classic on the Italian craft-beer scene, are the main focus of the drinks served in a rustic pub atmosphere. An impressive 18 copper taps cover a range that includes wheat beer and Viennese Lager. Expertly curated traditional Franconian beers are a hat tip to German beer culture. Delicious dishes of cheese, porchetta, cold cuts, sausages and panini.

93

BREWDOG

Ackerstraße 29, T: 48 47 77 70, Mo-Do, So 12-24 Uhr, Fr+Sa 12-2 Uhr, www.brewdog.com ♿

Die auch für eine hohe „Drehzahl" bekannte schottische Brauerei geizt nicht mit ihrer Bierauswahl. Neben den eigenen Klassikern rings um Punk IPA oder Dead Pony Club stehen im Brewdog viele abwechslungsreiche Biere aus aller Welt bereit. Die 30 Zapfhähne und an die 100 Flaschen und Dosen bieten eine herrliche Begleitung zu Pizza und Brettspielen. Der Gastraum im Industrial Chic – das Haus ist ein Neubau – gibt sich zugleich rustikal und modern. Im Sommer lässt es sich auch im Außenbereich nett sitzen. Immer wieder finden Verkostungen und weitere Bier-Fortbildungen statt.

The Scottish brewery known for its high-alcohol beverages is anything but stingy when it comes to its selection of beers. Alongside their own classics, like Punk IPA or Dead Pony Club, Brew Dog serves a wide variety of beers from across the globe. 30 draught beers and around 100 bottles and cans are the perfect accompaniment to pizza and board games. The industrial chic decor is rustic and modern in equal measure. Outside seating is available in the summer. Brew Dog also hosts regular tasting events and other beer training courses.

94

BRŁO BRWHOUSE

Schöneberger Straße 16, T: 0151-74 37 42 35, Di-Fr ab 17 Uhr, Sa+So ab 12 Uhr, www.brlo-brwhouse.de

Anspruchsvolle Biergastronomie im Container-Konstrukt. 40 ausrangierte Übersee-Container wurden zu einer aufregenden Mischung aus Brauerei, Bierbar und Restaurant zusammengestapelt. Die Brlo Buchstabenkombination steht für den historischen slawischen Namen für Berlin und mittlerweile auch für feinste Hauptstadtbiere von Berliner Weisse bis Porter aus den Kesseln von Braumeister Michael Lembke. Aus den Kesseln von Küchenchef Ben Pommer kommen dazu die hervorragenden Speisen, gerne aus dem Smoker und mit viel Gemüse. Entspannter Biergarten im Sommer.

Sophisticated beer gastronomy in a modern container complex. An assortment of 40 disused overseas shipping containers assembled to make an exciting mix of brewery, beer bar and restaurant. "Brlo" is the historic Slavic name for Berlin and it has become synonymous with finest capital city beers from Berliner Weisse to Porter from the vats of master brewer Michael Lembke. Meanwhile, head chef Ben Pommer provides a selection of excellent dishes, several fresh from the smoker and featuring lots of veg. Relaxed beer garden in the summer.

95

FOERSTERS FEINE BIERE

Bornstraße 20, Mo–Sa 16–24 Uhr, www.foerstersfeinebiere.de

Bier-Sommelier Sven Förster widmet sich leidenschaftlich der deutschen Braukultur mit ihren abwechslungsreichen Stilen zwischen Altbier und Doppelbock. Von fränkischen Traditionsbieren über Fiege Pils vom Hahn zu modernen India Pale Ales aktueller Craft Brauer erfolgt Auswahl und Beratung sehr kompetent, sympathisch und gelungen. In gemütlicher Nachbarschaftsatmosphäre kommen etwa 80 Bierspezialitäten in die Gläser, dazu kleine Snacks. Im Sommer taugt die pittoreske Terrasse vor dem Haus zur entschleunigten Oase abseits jedes behaupteten Szene-Anspruchs.

Beer sommelier Sven Förster is passionately dedicated to German brewing culture with its wide variety of styles, from Altbier to Doppelbock. With a choice of beers on tap ranging from traditional Franconian to Fiege pils and modern India Pale Ales from up-and-coming craft brewers, the selection is excellent and the advice given is highly knowledgeable, friendly and skilled. Around 80 speciality beers are served together with a small range of snacks in a welcoming local setting. In the summer, the picturesque terrace serves as an oasis of calm eschewing any need to be seen as hip or trendy.

96

PROTOKOLL

Boxhagener Straße 110, T: 0176-60 88 66 70, So-Do 16-24 Uhr, Fr+Sa 16-2 Uhr, www.protokollberlin.de ♿

Wer Russland bislang als Biernation ignorierte, wird per Protokoll eines Besseren belehrt. Zumal die russische Craft-Brauerei Zagovor – hierzulande vielleicht bekannt für ihr gut gemachtes und fein gestaltetes Midnight Moscow IPA – an dieser mit viel Holz rustikal gestalteten Bierbar beteiligt ist. Genauso laufen aber auch ein Zitronenweizen von Stone Brewing oder ein ehrliches Helles von Ayinger aus dem Hahn – Exquisites zu exquisten Preisen, anderes ist durchaus fair kalkuliert. Kurz: eine empfehlenswerte Adresse für Bierexegeten, aber auch für alle, die einfach mal etwas Neues schmecken wollen.

Russia is often overlooked as a beer nation – something Protokoll hopes to change. Russian craft-brewery Zagovor – perhaps known for its well-made and subtly conceived Midnight Moscow IPA – has a holding in this rustically designed beer bar. Lemon wheat beer from Stone Brewing and a straight-up lager by Ayinger are also on tap – premium products at prices to match, while the other drinks on offer are by all means fairly priced. In short: highly recommended for beer experts, but also for anyone keen to try something new.

97

HERMAN

Schönhauser Allee 173, T: 44 31 28 54, tgl. 18–3 Uhr, www.herman.berlin

Die Biere Belgiens sind unter Kennern heiß begehrt und zählen zu den schmackhaftesten und anspruchsvollsten der Welt. Nirgendwo in Berlin lässt sich belgische Bierkunde so gut studieren, wie bei Bart Neyrinck im „Herman", das übrigens nach seinem früheren Deutschlehrer benannt ist. Darf es ein erfrischendes Witbier mit Orange und Koriander sein? Ein fruchtiges, gereiftes Sauerbier? Oder eines der komplexen Trappistenbiere à la Chimay und Orval? Zu allen 120 Bieren weiß der kundige Gastronom Wissenswertes zu berichten, und Anfänger werden prächtig herangeführt.

Belgian beers are in high demand among those in the know and are some of the tastiest and most sophisticated in the world. There's no better place in Berlin to study Belgian brewing than with Bart Neyrinck at "Herman", which takes its name from Neyrinck's German teacher at school. How about a refreshing Belgian white with notes of orange and coriander? Or a ripe, fruity sour beer? Or one of the complex Trappist beers à la Chimay and Orval? The owner has a plethora of fascinating facts on hand about all 120 beers on the menu and will provide the perfect introduction for beginners.

98

HOPFENREICH

Sorauer Straße 31, T: 88 06 10 80, tgl. ab 16 Uhr, www.hopfenreich.de

Ein, nein besser gesagt: der Klassiker der Berliner Kreativbierszene. Der entspannte und urige Schankraum, sozusagen eine traditionelle Eckkneipe with a twist, wartet stets mit neuen Brauüberraschungen auf. Von der kleinen Probiergröße bis zum großen Humpen wird aus den 22 Zapfhähnen eifrig gezapft. Ob anspruchsvolles Verkosten oder geselliges Trinken, hier trifft sich die Nachbarschaft, aber genauso auch die Craft-Szene Berlins. Oft sind Brauer für Veranstaltungen zugegen, präsentieren ihre neuesten Spezialbiere und plaudern gerne mit den Craft-Beer-Geeks.

A classic – no, the classic on Berlin's creative beer scene. This relaxed, rustic bar, a traditional corner pub with a twist if you will, is constantly brewing up new surprises. The staff busily pulls pints from small taster size to a full tankard from the 22 taps. This is the place for serious tasting sessions or social drinking, a meeting place for both locals and Berlin's craft beer scene. Often, brewers visit for events, to present their latest special beers and enjoy a chat with the craft beer geeks.

99

MIKKELLER

Torstraße 102, T: 0176-83 14 11 03, Mo–Do 12–1 Uhr, Fr+Sa 12–2 Uhr, So 13–1 Uhr, www.mikkeller.dk/location/mikkeller-berlin/ ♿

Im Jahr 2006 rief der frühere Lehrer und Leichtathlet Mikkel Borg Bjergsø, in Kopenhagen sein Wanderbrauer-Projekt, auch „Gypsy Brewing" genannt, ins Leben. Heute genießen Mikkeller Biere weltweit hohes Ansehen, für den eigenen Braustil und genauso für das das klare, sehr zeitgenössische grafische Design. Auch der nordisch-geschmacksichere Brewpup in der Torstraße in Mitte beschränkt sich aufs Wesentliche. Aus 24 Hähnen zapft die freundliche Crew faszinierende Spezialitäten wie Coffee-Stouts, holzfassgereifte Spezialbiere und Sauerbier-Experimente.

In 2006, former teacher and athlete Mikkel Borg Bjergsø created his travelling brewing project, "Gypsy Brewing" in Copenhagen. Today, Mikkeller beers are renowned the world over for both the unique brewing style and the clean, highly contemporary graphic design. The bar in Torstraße, appropriately immersed in Nordic tastes, keeps things equally clean and simple and is manned by an amiable team serving fascinating specialities, such as coffee-stout, wood-barrel-aged special beers and experimental sour beer from the 24 taps.

THE CASTLE

STRASSENBRÄU

100 MUTED HORN

Flughafenstraße 49, T: 91 56 92 56, Mo-Do 17-2 Uhr, Fr 17-3 Uhr, Sa 15-3 Uhr, So 15-2 Uhr, www.facebook.com/mutedhorn ♿

Sympathische Hipster-Bar im reduziert-kühlem Industrial-Design mit netter und kenntnisreicher Beratung. Wechselnde, oftmals sehr rare Biere fließen aus den 22 Zapfhähnen. Herrlich das Probier-Konzept, bei dem der Gast vier Fassbiere auswählt und in 0,15 Liter Gläschen auf einem Holzbrett serviert bekommt. Dutzende Flaschenbierspezialitäten sind auch am Start. Der Name der Bar, das verstummte Horn, zitiert den US-amerikanischen Schriftsteller Thomas Pynchon, einen Säulenheiligen der poststrukturalistischen Literatur. Dieses Nerd-Wissen sei noch mit auf den Weg gegeben.

Friendly hipster bar with a minimalist industrial design and pleasant, knowledgeable staff. A rotating selection of often very rare beers is served from the 22 taps. The tasting concept, where the guest selects four draught beers, which are served on a wooden board in 0.15 litre glasses, is wonderful. They also have dozens of varieties of bottled beer. For the nerds out there – the name of the bar cites author Thomas Pynchon, an icon of post-modernist literature.

101 STRASSENBRÄU

Neue Bahnhofstraße 30, T: 55 52 75 50, So-Do 17-2 Uhr, Fr-Sa ab 17 Uhr, www.strassenbraeu.de

Die sympathische Hausbrauerei am Ostkreuz. Hell und einladend leuchtet der Tresenblock durch die Fensterfront der innovativen Hausbrauerei. Auf der schwarzen Wand sind in Kreide die aktuellen, ständig wechselnden Biere angekündigt, die auch in Probier-Sets gereicht werden. Der Klassiker des innovativen Braumeisters Sebastian Pfister ist das malzig-süffige Belgisch Ale „Stralauer Blond“. Ansonsten sorgen allwöchentlich neue Kreationen für Abwechslung. Auch Braukurse werden regelmäßig angeboten. Sommerlicher Außenbereich vor der Schankstube.

A likeable local brewery at Ostkreuz. The bar, visible through the window front of this innovative brewery, shines bright and inviting. The current beer menu, which changes regularly, is written in chalk on the black back wall. Tasting sets are also available. The classic creation by innovative master brewer Sebastian Pfister is the malty, highly quaffable Belgian Ale "Stralauer Blond". New creations are added every week for real variety. The brewery regularly runs brewing courses and even boasts a summery outdoor area in front of the bar area.

102 THE CASTLE

Invalidenstraße 129, T: 0151-67 67 67 57, tgl. ab 8 Uhr, www.thecastleberlin.de ♿

Die Pub-Institution aus dem Wedding ist nach Mitte umgezogen. Unmittelbar am Nordbahnhof liegt nun das große Lokal mit zahlreichen Ecken und Nischen. Das Biersortiment ist üppig, zu den 20 Zapfhähnen gesellen sich Brauspezialitäten von IPA bis Imperial Stout aus der Flasche. Ab 8 Uhr morgens sind die Pforten dieses Schlosses geöffnet, allerdings fungiert der Laden dann erstmal als Kaffeebar. Das kompetente Team berät vorzüglich. Oft finden Bier- oder Unterhaltungsveranstaltungen statt: Bierevents, Tap-Takeover, Pub-Quiz, Sportübertragungen und Karaoke.

This pub institution, which formerly resided in Wedding, relocated to a spot directly opposite Nordbahnhof in Berlin Mitte. A spacious venue with many corners and alcoves, it serves an extensive selection of beers, with bottled speciality brews from IPA to Imperial Stout alongside the 20 draught taps. Doors open from 8 a.m., though only coffee is served at that hour. The skilled team provides outstanding advice and also host frequent beer and entertainment events including "Tap-Takeover", pub quizzes, screenings of sporting events and karaoke.

WAHRHEIT WEINBARS ORANGE WINE CUVÉE

/ GUTER JAHRGANG, PRICKELND, SPONTAN VERGOREN, KORKGELD

103

BRIEFMARKEN WEINE

Karl-Marx-Allee 99, T: 42 02 52 92, Mo–Sa 19–24 Uhr, www.briefmarkenweine.de

Die bunt gewürfelten Holzstühle, die Zweige in den Vasen, die Bärte der Briefmarken-Weinbarmänner – alles hier hat Stil in einem sehr lässigen, unangestrengten Sinne. Die (italienischen) Weine liegen in den denkmalgeschützten Briefmarkenregalen. Und kommt einer von ihnen auf den Tisch, ist sein Preis aufrichtig fair kalkuliert. Dazu gibt es die fleischigsten Oliven diesseits der Emilia Romagna, bröckeligen Grana Padano aus kleinen Käsereien, milchweißen Lardo oder nussig-saftigen Parmaschinken. Briefmarken Weine ist – in den stalinistischen Zuckerbäckerbauten der Karl-Marx-Allee gelegen – ein beinahe unwirklich wunderbarer Ort.

The wooden chairs painted in different colours, the vases full of branches, the beards of the men in the Briefmarken Weinbar – everything here is stylish, but in a laid back way. The (Italian) wines are stored in the original stamp storage shelving, which is under preservation order. Should one of these bottles make it to your table, you can be sure the price will be fair. Accompaniments come in the form of the juiciest olives this side of the Emilia Romagna, crumbly Grana Padano from small-scale cheese producers, milky white Lardo or nutty Parma ham. Located on Karl-Marx-Allee, famous for its Stalinist architecture, Briefmarken Weine is an incredibly wonderful place.

104

WILD THINGS

Weserstraße 172, T: 62 73 15 67, tgl. ab 18 Uhr, www.wildthingsberlin.de

Die kleine, ungestüme Schwester des für seine lässige Weltläufigkeit gefeierten Industry Standard war, zwei Straßenecken weiter, im Herbst 2016 eigentlich als ein Nouvelle Bistro gestartet. Gute Küche und gute Atmosphäre, so das Versprechen, beinahe rund um die Uhr. Bald wurden die Öffnungszeiten und die Speisekarte eingedampft. Als verlässlich entdeckungsdurstige (Natur-)Weinbar mit kulinarisch großen Kleinigkeiten steht das Wild Things aber weiterhin für diese neue Neuköllner Qualität, Kneipen mit kulinarischem Anspruch bereitzuhalten.

In Fall 2016, the boisterous little sister of the relaxed, cosmopolitan Industry Standard opened just two blocks down. Wild Things was to be a nouvelle bistro offering good food and good company around the clock – that was the intent, anyway. Soon the opening hours and the menu started to condense, until the establishment finally emerged as a true pearl of an organic wine bar with a small, but solid selection of culinary gems. Wild Things is emblematic of the new Neukölln tradition of fusing quality drinking spots with gastronomical sophistication.

105

THAL

Wielandstraße 38, T: 54 71 05 51, Di–Sa 17–24 Uhr, Küche bis 22 Uhr, www.thalberlin.de

Man sollte ruhig schon um 18 Uhr vorbeischauen. Sollte einen Happen essen und dazu ein, zwei Gläser trinken, wie man es aus Italien kennt, wo dieses charmante Scharnier zwischen der Arbeit und dem Abend „Apéro" heißt. Wilder Brokoli, auf Holzfeuer geräuchert, Polpettes von der Schweineschulter auf Kaperncreme. Der Südtiroler Sommelier Michael Neunhäuserer und der Koch Adrian Held sind die Köpfe hinter diesem kleinen Thal, das in seiner lässigen, indes immer kulinarischen Atmosphäre nicht nur im Berliner Westen einmalig ist.

Visitors would be advised to arrive by 6 p.m., have a bite to eat and enjoy a glass or two of wine with their meal, as the locals do in Italy, where this charming transition period from the working day to the evening is known as "Apéro". The accompanying dishes include creations such as wild broccoli smoked over coals, or polpettes of pork shoulder on a bed of caper cream. Jointly owned by chef Adrian Held and Michael Neunhäuserer, native of South Tirol and sommelier, this delightful little bar is unique in West Berlin and beyond on account of its easy going and always gastronomic atmosphere.

106

CORDOBAR

Große Hamburger Straße 32, T: 27 58 12 15, Di–Sa 19–2 Uhr, Küche bis 23 Uhr, So ab 18 Uhr, www.cordobar.net

Die Mutter der noch jungen Berliner Weinbarbegeisterung. Die Cordobar ist Pop. Nicht nur, weil neben Sommelier Gerhard Retter, ehedem Mâitre im Hotel Adlon, auch City-Slang-Labelmacher Christoph Ellinghaus zu den Gründern gehört. Gastgeber vor Ort ist neuerdings Sommelier Patrick Kuhnert (Ex-Reinstoff). Auch wenn die kleine Küche – nach dem Abgang von Wunderkind Lukas Mraz – die eigenen Ansprüche relativiert hat, als Weinbar prägt die Cordobar das kulinarische Berlin. Und sie macht den Lärm, der einer Genussmetropole durchaus auch gut tut.

The birthplace of Berlin's nascent enthusiasm for wine bars. Cordobar is Pop and not just because it was co-founded by City Slang record label owner Christoph Ellinghaus together with sommelier Gerhard Retter, who used to be Mâitre at the Hotel Adlon. The host is sommelier Patrick Kuhnert (ex-Reinstoff). While the small kitchen has had to have a rethink following the departure of wunderkind Lukas Mraz, as a wine bar, Cordobar is playing a formative role in culinary Berlin and is making the kind of noise that makes a positive contribution to a metropolis of pleasurable consumption.

107

OTTORINK

Dresdener Straße 124, tgl. ab 18 Uhr, www.ottorink.de

Die Weinverkleidung aus Schiefer feiert das Terroir: bei Andreas Rink, der die Weinbar nach seinem Onkel benannt hat, kommen vor allem die Pfalz und die Mosel ins Glas. Dogmatisch ist man da aber nicht, freitags etwa dürfen spontanvergorene Naturweine die Hauptrolle spielen. Sympathische Institution in der nachtaktiven Dresdener Straße in Kreuzberg 36, der es ziemlich lässig gelingt, unterschiedlichste Weincharaktere an einen Tresen zu bringen. Die Speisenauswahl ist klein, aber handwerklich und gut: Käse- oder Schinkenteller, Terrine, Brotzeit mit eingelegtem Gemüse, geräucherte Kabeljauleber in der Dose.

The slate cladding is a celebration of the Terroir: Andreas Rink, who named his wine bar after his uncle, serves wines predominantly from the Palatinate and Mosel regions. However, there's no dogma involved, and on Fridays, for instance, natural wines created by spontaneous fermentation can take centre stage. An agreeable institution in Dresdener Straße, Kreuzberg, which comes to life after dark and successfully brings together a hugely diverse range of wines. The food menu is small, but dishes are cooked well and tasty – cheese plate, ham plate, solid snack with pickled vegetables.

108 JAJA NAKED WINE

Weichselstraße 7, T: 52 66 69 11, Di–Do 18–24 Uhr, Fr+Sa 18–1 Uhr, So 18–22 Uhr, www.jajaberlin.com

Geht es aber um Naturwein, muss unbedingt auch diese noch immer neue Weinbar erwähnt werden. Wobei der Name des von Julia Giese und Etienne Doset geführten Geschmackslabors eigentlich in die Irre führt. „Jaja" ist ein Dialektwort für den alltäglichen Wein – alltägliches aber kommt hier kaum ins Glas. In die Teller kommen großartige Kleinigkeiten einer bäuerlichen Produktküche, die in Charakter und Aroma wunderbar zu den Weinen passt.. Naturwein-Novizen empfehlen wir die ruhigeren Abende unter der Woche, um in Gesprächen und Getränken auf den neuen, spontanvergorenen Geschmack zu kommen.

You can't talk about natural wines without mentioning this relatively new wine bar in Weichselstraße, Neukölln. The name of the taste laboratory run by Julia Giese and Etienne Doset could be misleading, since "Jaja" is dialect for the everyday, the ordinary, but the vintages served here are anything but ordinary. Wonderful little dishes created in the rustic kitchen have a character and aroma that make the perfect accompaniment to the wines. Natural wine novices would be well advised to visit on quieter weekday evenings to get a taste for the new, spontaneous fermented wines.

109 SCHMIDT Z & KO

Rheinstraße 45–46, T: 200 03 95 70, Mittagstisch: Di–Sa 12–15 Uhr,
Weinhandel: Di–Sa 10–22 Uhr, Weinbar: Di–Sa ab 18 Uhr, www.schmidt-z-ko.de ♿

In raumhohen Holzregalen liegt, was in den Anbaugebieten zwischen Ahr und Rhein Rang und Namen hat. Für ein sympathisch kalkuliertes Korkgeld (9 Euro) kommt das Sortiment dieses Weinladens, der genauso Lunchlokal und Kochschule ist, auch an den Tisch. In den Weinbarmodus wechselt das SchmidtZ & KO, an dem neben dem Weinladen Schmidt auch die beiden aus dem Fernsehen bekannten Köche Ralf Zacherl und Mario Kotaska beteiligt sind, vor allem an den Wochenenden. Eine echte kulinarische Aufwertung des Berliner Südwestens.

Wooden shelving as high as the ceiling houses all the big names in wine from the growing areas between the Ahr and the Rhine – the German classics, you could say. Wines are charged at a very reasonably calculated corkage fee (9 €). This wine shop, which also serves lunches and has a cookery school, is co-owned by Weinladen Schmidt and well-known German TV-chefs, Ralf Zacherl and Mario Kotaska. It switches to wine bar mode at the weekends in particular. A real culinary boon for the South-West of Berlin!

110 HAMMERS

Körtestraße 20, T: 69 81 86 77, Di–Fr 14–21 Uhr, Sa 12–16 Uhr, www.hammers-wein.de ♿

Jürgen Hammer gibt sein profundes Wissen auch professionell an eine junge und ganz junge Generation von werdenden Sommeliers weiter. Seine eigene Weinbar in der Kreuzberger Körtestraße ist indes alles andere als ein belehrender Ort. Die Atmosphäre dieser gewesenen Metzgerei passt gut zum kulinarischen Anspruch handwerkliche wie frankophile Kleinigkeiten zum Wein zu reichen. Apropos: Ins Glas kommt Deutschland, Frankreich und Europa. Das breite Wissen dazu wird auf Wunsch auch gereicht. Allerdings derart in Anekdoten eingebunden, dass ein Besuch bei Jürgen Hammer immer unterhaltsam bleibt.

Jürgen Hammer passes on his profound knowledge in a professional setting to a young and very young generation of budding sommeliers. His own wine bar in Kreuzberg, however, is anything but didactic. The atmosphere of this former butchery is the ideal fit for the culinary concept of serving handcrafted Francophile snacks with the wine. Glasses are filled with wines from Germany, France and elsewhere in Europe. On request, Jürgen Hammer is happy to provide his extensive knowledge, though this is so entangled in anecdotes that the entire experience remains entertaining throughout.

111 LOCHNER WEINWIRTSCHAFT

Eisenacher Straße 86, T: 23 00 52 20, Di–So 16–23.30 Uhr, warme Küche bis 22 Uhr, www.lochner-weinwirtschaft.de

Eine Weinbar? Durchaus. Aber vor allem eine Weinwirtschaft. Und Gastgeber Andreas Lochner genießt es merklich, sein Fine-Dining-Lokal an der Lützowstraße gegen diesen sehr süddeutschen und wunderbar alltagsaromatischen Ort getauscht zu haben. Man kommt auf ein Glas, ordert ein paar Happen oder trifft sich zum Abendbrot und zum abendlichen Trinken. Angeboten sind 150, von Gerlinde Lochner gut beschriebene Weinpositionen. Zudem gibt es auch ein täglich wechselndes Menü für den größeren Hunger. Kochen kann Andreas Lochner weiterhin wunderbar.

A wine bar through and through, but an everyday wine pub first and foremost. Host Andreas Lochner is obviously happy that he swapped his fine-dining location in Lützowstraße for this very South-German and wonderfully down to earth venue. Guests drop by for a glass of wine, order a bite to eat or meet for a light evening meal and some drinks. 150 wines, fittingly described by Gerlinde Lochner, plus a menu that changes every day for those with a bigger appetite – after all, Andreas Lochner is still a wonderful cook!

112 WEINVEREIN ROTE INSEL

Leuthener Straße 5, T: 64 43 82 52, Di–Do, So 17–24 Uhr, Fr+Sa 17–2 Uhr, Küche bis 22 Uhr, www.weinverein.berlin

Der Weinverein Rote Insel ist benannt nach dem von Eisenbahngleisen umrahmten gleichnamigen Stadtquartier. Keine trendige Weinbar, eher eine Weinstube mit Außer-Haus-Verkauf, wie man sie in deutschen Weinregionen kennt. Und mit einer klarem Herzensangelegenheit: Rheinhessen, das aufstrebende Anbaugebiet zwischen dem großen Rheingau und der nicht minder großen Pfalz. Gut recherchierte Fundstücke von kleinen Betrieben zum fairen Kurs. Wie in Weinlokalen üblich: kleine, fein ausgeheckte Speisenauswahl vom Rheinhessen-Klassiker „Warme Fleischwurst mit Senf und Landbrot“ bis zum Beef Bourguignon.

Weinverein Rote Insel is named after the quarter of the same name, which is bordered by railway tracks. This is not a trendy wine bar, but more of a tavern with carry-out sales, as is customary in German wine-growing regions. What's close to the owner's heart is clear: Rheinhessen, the up-and-coming wine-growing region between the major Rheingau and the no less important Pfalz. This establishment serves passionately researched, fairly priced treasures from small producers. As in every good wine bar, there is a small, select menu featuring traditional dishes from Rheinhessen, as well as Beef Bourguignon.

113 IL CALICE

Walter-Benjamin-Platz 4, tgl. 12–1 Uhr, www.enoiteca-il-calice.de

Klar, die Pasta ist noch immer begeisternd. Aber eigentlich geht es Antonio Bragato, der seit Herbst 2016 wieder Hausherr und Gastgeber ist in seinem Il Calice am Walter-Benjamin-Platz, um die Antipasti. Um bäuerlich-handwerkliche Kleinigkeiten, die man sich tischweise teilt. Dazu offene Weine, viele offene Weine. Dem Lambrusco wird viel Platz eingeräumt. Leichte, handwerkliche Rote mit Charakter und Charisma – das passt in die Zeit. Genauso passt, dass der vordere Bereich dieses Hauptstadtitalieners nun eine nonchalante Weinbar ist. Ein Ort für die italienischen Momente.

The pasta is amazing – that's true. But for Antonio Bragato, who returned as owner and host of Il Calice on Walter-Benjamin-Platz in Fall 2016, it's all about the antipasti. It's about hand-crafted specialities made for sharing – and plenty of open wines. The Lambrusco is a mainstay here: a light, well-crafted red with a character and charisma that seem to capture the spirit of the times. Just as timely is the transformation of the front part of the restaurant into a relaxed wine bar – the perfect place to soak up some of that classic Italian charm.

FINE DINING
TISCH & TRESEN
NOUVELLE BISTRO PAIRING

/ **GASTRO PUB, NOSE TO TAIL, COCKTAILTOMATE, RÖSTAROMEN**

114

WAGNER COCKTAILBISTRO

Paul-Lincke-Ufer 22, T: 0176-22 58 33 42, Di–Fr 10–16 und 18–3 Uhr, Sa 18–3 Uhr, www.wagnercocktailbistro.com ♿

Ramses Manneck, dessen Industry Standard in der Sonnenallee als einer der ersten Läden in Berlin das Produkt in den Fokus gestellt und der Nose-to-Tail-Küche eine eigene, rotzige und vor allem internationale Handschrift aufgedrückt hatte, ist der Wirt hinter dem wunderbaren Wagner. In der kleinen Küche steht mit Thomas Leitner ein gewesener Sternekoch (im Les Solistes), dem in kleiner Form (vom Kalbskopf-Crostini bis zur Ofenaubergine) Großes gelingt. Die Atmosphäre? Eine lässige Kneipe, nur eben mit sehr, sehr gutem Essen. Und einem sehr guten Barmann: Tuan Nguyen, der spätestens ab Mitternacht zum Mittelpunkt der Bude wird.

The proprietor behind the wonderful Wagner is Ramses Manneck, whose Industry Standard in Sonnenallee was one of the first venues in Berlin to truly focus on ingredients and place an audacious, international stamp on the "nose-to-tail" kitchen there. Wagner's small kitchen is where Thomas Leitner (former award-winning chef at Les Solistes) excels at achieving great things in small portions, with creations such as calf's head crostini or oven-roasted aubergine. The atmosphere is that of a relaxed pub, but with really, really good food, as well as a really good barman, Tuan Nguyen, who takes centre stage as the evening progresses.

115

GOLVET

Potsdamer Straße 58, T: 89 06 42 22, Di-Sa ab 18.30 Uhr, www.golvet.de ♿

Die Gourmet-Adresse hoch über dem Potsdamer Platz war dem Guide Michelin bereits im ersten Jahr einen Stern wert. In der offenen Küche steht mit Björn Swanson ein Koch, der bei eigener, souveräner Handschrift (im Fokus: Fisch und Fleisch) um die Aromen eines zeitgenössischen Fine Dining weiß. Wobei der Laden mit der atemberaubenden Aussicht durchaus als Gesellschaftslokal funktionieren soll. Dazu passt neben dem kompetenten Sommelier Benjamin Becker der lang gestreckte Tresen am Eingang, an dem der Übergang zwischen Bar und Restaurant buchstäblich ein fließender ist.

This gourmet address high above Potsdamer Platz was awarded a Michelin star in its first year. Björn Swanson, head chef in the open kitchen, adds his confident personal signature (focussing on meat and fish), based on expert knowledge of the flavours of contemporary fine dining. With breath-taking views across the city, this restaurant is clearly intended to function as a social hub – an objective supported not only by the impressive skills of sommelier Benjamin Becker, but also by the elongated bar counter by the entrance, which ensures that the transition from bar to restaurant remains fluid.

116

CRACKERS

Friedrichstraße 158, T: 680 73 04 88, Mo–So 18–3 Uhr, www.crackersberlin.com

Das Crackers war einmal ein Club. Nicht irgendeiner, sondern das legendäre Cookies von Heinz „Cookie“ Gindullis. Hier wurde also Clubgeschichte geschrieben. Aber weil Essen ja das neue Pop ist, ist auch Heinz Gindullis inzwischen Gastronom. Und das Crackers – eine Etage höher ist noch das vegetarische Cookies Cream – ein Gesellschaftsrestaurant der kulinarisch interessanteren Sorte. Mit einer eleganten, indes nie schnöseligen regional fokussierten Produktküche. Und: Es gibt gute Drinks, egal ob an der Bar oder als Food Pairing im stilsicher inszenierten Gastraum.

Crackers was a club in a past life, and not just any club, but the legendary Cookies, run by Heinz "Cookie" Gindullis. Clubbing history was made here, accompanied in liquid form. These days, since food seems to have replaced pop music, Heinz Gindullis is now also a restaurateur. Crackers, one floor down from vegetarian restaurant Cookies Cream, is a social club of the most culinary appealing sort. Crackers serves elegant but never pretentious cuisine centred around regional produce. Fine drinks are served both at the bar and as part of the food pairing concept of the stylish main room.

117

LA LUCHA

Paul-Lincke-Ufer 39–41, Mi–Sa 18–23 Uhr, So 18–22 Uhr, www.laluchaberlin.com

Der Hype war groß um die mexikanische Küche. Nur gut, dass da in Berlin auch einige Läden eröffnet haben, die es tatsächlich ernst meinen mit der Ceviche, dem Burrito, der Tortilla und, ja, auch mit dem Mezcal. Gastro-Entrepreneur Max Paarlberg bietet im La Lucha gleich 125 Variationen des handwerklich gebrannten Agaven-Destillats an. Tatsächlich sind die Bar und auch die Longdrinks und Cocktails so gut, dass wir die Idee begrüßen, dass die Bar künftig auch länger als die empfehlenswerte Küche geöffnet haben soll. Ein weiteres Plus: die sehr schöne Sommerterrasse.

Given the huge hype surrounding Mexican cuisine, it's just as well that Berlin is home to several locations that are actually serious about ceviche, burritos, tortilla and, of course, mezcal. Gastro-entrepreneur Max Paarlberg serves 125 varieties of the skilfully distilled agave liquor at his establishment, La Lucha. The bar with the long drinks and cocktails it serves up are so good that we wholeheartedly stand behind plans to extend its opening hours beyond those of the visit-worthy kitchen. Good to know: The place also has a very lovely summer terrace.

118

SCHWEIN

Mommsenstraße 63, T: 24 35 62 82, Mo–Sa ab 18 Uhr, www.schwein.online

Der Vorläufer in Mitte hatte sogar zwei getrennte Bars: eine für die Drinks und eine für den Wein. Inzwischen ist das Restaurant Schwein in der Charlottenburger Mommsenstraße angekommen, und die flüssige Kompetenz muss mit einem einzigen Tresen auskommen. Geblieben ist die begeisternde Küche von Christopher Kümper, der es, nach Stationen in Drei-Sterne-Häusern, 2017 zum Aufsteiger des Jahres bei den Berliner Meisterköchen gebracht hat. Auf diesen Tellern passiert viel – aber alles fügt sich sinnig zu einer aromatischen Erzählung, die im Glas kompetent begleitet wird.

At its previous address in Mitte, restaurant Schwein had two separate bars – one for long drinks, the other for wine. Now settled in Mommsenstraße, Charlottenburg, the new premises make do with only one bar, but the inspiring cuisine of Christopher Kümper remains. In 2017, following stints at various three-star establishments, Kümper was recognised as the shooting star among Berlin's up and coming chefs. While there's a lot going on in his dishes, everything is skilfully brought together to tell an aromatic tale, expertly rounded off by the complementary beverages.

119

ST. BART

Graefestraße 71, T: 40 75 11 75, Mi–So ab 16 Uhr (Küche ab 17 Uhr), www.stbartpub.com

Frittierter Rosenkohl, zitronig gedippt. Oder Fried Chicken von Brandenburger Freilandhühnern, saftig, fleischig und mit einer perfekten Panade. So eine Küche serviert Lee Thompson im St. Bart, Berlins bis dato am konsequentesten umgesetzten Gastro Pub mit seiner auf wenige Komponenten fokussierten Produktküche. Viele kleine Teller, Fine Dining mit Fettfingern. Victor Hausladen, der Mann am Tresen, ergänzt diesen Spaß kongenial mit tollen (Natur-)Weinen und jeweils auf die kleine Karte abgestimmten Longdrinks und Cocktails. Ein gleichsam beiläufiger wie weitsichtiger Ort.

Fried Brussels sprouts with a lemony dip or fried free-range chicken from Brandenburg, moist and meaty with a perfectly crisp coating. These are the kinds of dishes served up by Lee Thompson in St. Bart, the establishment in Berlin that stays truest to the Gastro Pub concept with a kitchen focused on select seasonal, regional ingredients. It serves an array of small dishes for greasy-fingered fine dining. Victor Hausladen, the man behind the bar, provides the pleasing liquid accompaniments to this culinary fun with a range of excellent (natural) wines, as well as long drinks and cocktails tailored to the menu.

120

TO THE BONE

Torstraße 96, T: 40 75 34 40, Mo–Sa ab 18 Uhr, www.facebook.com/totheboneberlin

Ein Fleischeslustladen. Aber eben ein italienischer. Mit am Knochen gereiften Schnitten vom toskanischen Chianina-Rind (und vom toskanischen Kult-Metzger Dario Cecchini). Gastgeber Giacomo Mannucci hat mit dem To the Bone einen Ort geschaffen, der so lässig in diesem wie jenem Sinne geschmackssicher und gleichzeitig so kulinarisch exzellent daher kommt wie nur wenige Berliner Restaurants. Zwangsläufig geradezu, dass in diesem stilvoll inszenierten Laden in der nicht ganz so stilvollen, aber ungemein vibrierenden Torstraße auch eine sehr gute Bar integriert worden ist.

A restaurant that celebrates carnal desires and Italian food culture, for instance with slices of Tuscan Chianina beef matured on the bone, sourced from cult Tuscan butcher, Dario Cecchini. There are few restaurants in Berlin as laid back, as tasteful (in every sense of the word) and with such excellent cuisine as Giacomo Mannucci's To the Bone. It's been almost inevitable that this tastefully orchestrated venue located in vibrant Torstraße also boasts an excellent bar.

121

TULUS LOTREK

Fichtestraße 24, T: 41 95 66 87, Di–So 18–24 Uhr, Küche bis 23 Uhr, www.tuluslotrek.de

Das michelinbesternte Tulus Lotrek ergänzt die neuen lokalen Konzeptküchen dieser Stadt um einen spielerischen, intuitiven Zugang. Ein Beispiel gefällig? Das Spiegelei Royal: Jakobsmuschel, Sellerie, Aprikose, Perigord-Trüffel. Andere Gänge von Küchenchef Max Strohe kommen einzig mit einer großartigen Möhre samt intensivem Sud aus – während die Getränkebegleitung entdeckungsdurstig nach links und rechts schaut und regelmäßg auch Cocktails kredenzt. Unter den sehr guten Restaurants der Stadt ist das Tulus Lotrek das charmanteste, auch wegen Gastgeberin Ilona Scholl.

Michelin-starred Tulus Lotrek brings a playfully intuitive approach to the new local conceptual cuisine of the capital. Need an example? The fried egg royal, featuring scallops, celery, apricot and Perigord truffle. Other courses by head chef Max Strohe consist of nothing more than a magnificent carrot served with an intense reduction – while the accompanying drinks are adventurous and regularly include cocktails. Of the many excellent restaurants Berlin has to offer, Tulus Lotrek is one of the most charming.

122

CODA BERLIN

Friedelstraße 47, T: 91 49 63 96, Di–Sa ab 19 Uhr, Küche Di–Do bis 23 Uhr, Fr+Sa bis 24 Uhr, www.coda-berlin.com ♿

Das Coda ist eine Dessert-Bar. Die erste in Deutschland und sowieso in Berlin. Spitzenpatissier René Frank hat sich das ausgedacht. Er spielt mit den Aromen, den Texturen, den Aggregatzuständen. Das Zusammenspiel von Schokolade, Pflaume, Zichorie und Haselnuss wäre auch schon dann ein brutal stimmiger Teller, wenn dieser nicht kongenial von einem mit einem Single Malt geblendeten Lambrusco begleitet werden würde. Apropos: Foodpairing, also der kuratierte Drink zum Teller, ist das zweite große Thema dieser Bar, in der es im Übrigen nie zu süß wird.

Coda is a dessert bar, the first of its kind in Berlin – and indeed in Germany. It is the brainchild of top pâtissier René Frank, who delights in playing with different aromas, textures, combinations. Here, the interplay between chocolate, plum, chicory and hazelnut would be a brutally harmonious plate were it not for the juxtaposition of a Lambrusco blended with a single malt served as the accompaniment. Food pairing – serving a carefully curated drink to accompany the dish – is the second main theme in this bar, which despite its focus manages never to be too sweet.

HAUSBAR
SPIRITUOSEN LADEN
SAMMLERSTÜCKE MANUFAKTUR

/ **APFELWIESE, EDELBRAND, BRANDENBURG, DIY, GINUNDTONIC**

123

PREUSSISCHE SPIRITUOSEN MANUFAKTUR

Seestraße 13, T: 45 02 85 37, www.psmberlin.de

Der Geist der Kaiserzeit durchweht die ehrwürdigen Räumlichkeiten der Preussischen Spirituosen Manufaktur von Ulf Stahl und Gerald Schroff. Historische Rezepturen werden teils in antiken Brenngeräten wiederbelebt. Die Manufaktur kooperiert mit der Versuchs- und Lehranstalt für Brauerei (VLB) und setzt die Tradition des 1874 gegründeten Instituts für Gärungsgewerbe fort. Führungen durch die Manufakur, die auch Museum ist. Die traditionellen Erzeugnisse umfassen Liköre, Kümmel, Danziger Goldwasser und Kurfürstlichen Magenbitter.

The imposing premises of the Preussische Spirituosen Manufaktur are imbued with the spirit of the imperial era. Run by Ulf Stahl and Gerald Schroff, the Manufaktur has revived historic recipes, some of which are recreated using antique distillation equipment. Through its cooperation initiative with the Research and Teaching Institute for Brewing in Berlin (VLB), Preussische Spirituosen Manufaktur is also preserving the traditions of the Institute for the Fermentation Trade, established in 1874. Traditional products include liquor, caraway liquor, Danziger Goldwasser and Kurfürstlicher Magenbitter.

124

BARSTUFF

Lise-Meitner-Straße 39-41, Gebäudevorderseite Aufgang D, 1.OG, T: 74 74 08 43, Mo-Fr 9-19 Uhr, Sa 12-16 Uhr, www.barstuff.de

Hier kaufen Berlins Bartender ein. Dieser Fachhändler für Gastronomie- und insbesondere Barbedarf stattet zahlreiche Hauptstadtbars mit allen erdenklichen Profi-Utensilien aus. Aber auch Privatkunden mit Heimbar sind willkommen. Vom Shaker über Eiswürfelformen, Standmixer und Eiswürfelmaschinen bis zu einer riesigen Gläserauswahl ist auf 1.000 Quadratmeter Hallenfläche alles vorhanden, was das Herz des Mixers begehrt. Wer seine Motto-Party perfekt inszenieren möchte, findet passende Accessoires wie Tiki-Becher, Spieße, Trinkhalme und Dekorationen.

This is where Berlin's bartenders come to stock up on supplies. This specialist retailer for gastronomy and especially bar supplies provides many of the capital's bars will all kinds of professional tools. However, private customers with their own home bar are equally welcome. With 1,000 square meters of warehouse space, Barstuff has everything a mixer's heart could desire, from shakers to ice-cube trays, blenders and ice machines to an enormous range of glasses. For the perfect finishing touch for themed parties, there is also a range of accessories like Tiki-cups, skewers and straws, as well as other decorations.

125

RUM DEPOT

Apostel-Paulus-Straße 35, T: 77 00 88 11, Mo-Fr 12-19 Uhr, Sa 12-16 Uhr, www.rum-depot.de

Dieses Fachgeschäft ist einmalig in Deutschland. Die Destillate aus Zuckerrohr und Melasse werden immer beliebter, ihre ganze Vielfalt holt dieses Fachgeschäft nach Schöneberg. Von den karibischen Inseln, aus südamerikanischen Höhenlagen und sogar aus Japan stammen die Spirituosen, die zum Mixen in Cocktails aber zunehmend im Pur-Genuss begeistern. Versiertes Personal berät kompetent, und es stehen etliche Produkte offen für einen Probierschluck bereit. Zusätzlich gibt es noch weitere Barzutaten wie Bitters und eine schöne Gin-Auswahl.

This speciality store is the only one of its kind in Germany. Distillates made from sugarcane and molasses are gaining popularity and this dedicated store is bringing a wide assortment to Schöneberg. While the spirits from the Caribbean islands, the South American mountain ranges and even Japan are popular mixed in cocktails, increasingly they are being enjoyed straight. Experienced staff provide knowledgeable advice and there are countless bottles open for tasting. Rum Depot also sells other bar ingredients such as bitters and a nice selection of gins.

126

DR. KOCHAN SCHNAPSKULTUR

Immanuelkirchstraße 4, T: 34 62 40 76, Mo-Fr 12-20 Uhr, Sa 11-18 Uhr, www.schnapskultur.de

Dr. Thomas Kochan hat tatsächlich den Schnaps studiert und seine Promotionsarbeit als Buch mit dem Titel „Blauer Würger und Kumpeltod – So trank die DDR“ veröffentlicht. In seinem gemütlichen Ladenlokal widmet sich Kochan insbesondere den handwerklichen flüssigen Produkten. Industrieware von der Stange kommt ihm nicht in den Laden. Sorgfältig wählt er das Sortiment und weiß meist auch zu den Herstellern allerlei zu berichten. Derzeit gilt seine Aufmerksamkeit Kornbränden, Wermut, Amaro oder Enzian, aber auch Gin und einer feinen Tonic-Auswahl.

Dr. Thomas Kochan actually studied liquor and wrote his doctoral thesis on alcohol consumption in the GDR. His inviting store is devoted to handcrafted liquids and anything industrially mass-produced doesn't get a look in. Kochan carefully hand-picks his range and can usually provide a wealth of detail about the producers. Currently, the focus is on kornbrand, vermouth, amaro and gentian spirit, alongside gin and a fine selection of tonics.

DR. KOCHAN SCHNAPSKULTUR

GALANDER LIQUOR STORE

127

FINEST WHISKY

Winterfeldtstraße 48, T: 23 63 51 72, Mo–Fr 11–20 Uhr, Sa 10–19 Uhr, www.finestwhisky.de

Leicht kann man die schmale Fensterfront des Geschäfts übersehen. Erst im Inneren entfaltet sich die opulente Auswahl an Single Malt Whisky. Dreieinhalb Räume beherbergen Schätze, die die Augen jedes Whisky-Connaisseurs zum Glänzen bringen. Neben Originalabfüllungen klassischer Destillerien wie Ardbeg, Talisker oder Glendronach finden sich auch seltene unabhängige Abfüllungen, z.B. von Duncan Taylor oder David Stirk, und Raritäten, die längst nicht mehr im Handel sind. Betreiber Uwe Wagmüller veranstaltet vielfältige Verkostungen und die Messe „Finest Whisky Deluxe".

The narrow shopfront is easily overlooked and it's only inside that the opulent selection of single malt whisky reveals itself. Three and a half rooms house treasures to leave any whisky connoisseur dewy-eyed. In addition to original bottlings from classic distilleries such as Ardbeg, Talisker and Glendronach, Finest Whisky also stocks rare independent bottlings from the likes of Duncan Taylor or David Stirk, as well as rarities that haven't been on the shelves for many years. Owner Uwe Wagmüller also runs a wide variety of tastings, as well as the "Finest Whisky Deluxe" trade show.

128

GALANDER LIQUOR STORE

Großbeerenstraße 54, T: 98 36 83 79, Mo–Fr 12–20 Uhr, Sa 10–20 Uhr, www.liquor.galander-berlin.de

Der Name Galander steht in Berlin dank mehrerer Bars bereits für feine Mixgetränke und angenehme Barkultur. Zu den Cocktailbars gesellt sich seit 2015 in Kreuzberg das passende Fachgeschäft mit einer herrlichen Auswahl an Spirituosen. Von Mezcal bis Gin, von Cognac bis Rye Whiskey sind Trend- und Nischenprodukte gleichermaßen im Sortiment. Wer seine Heimbar souverän bestücken möchte, erfährt hier die kompetente Beratung, die es dafür braucht. Aber auch für den puren Spirituosengenuss stehen erlesene Destillate in dem hübschen, historischen Ladenlokal.

Thanks to its slew of bars, Galander is synonymous in Berlin with fine mixed drinks and congenial bar culture. Since 2015, the stable of cocktail bars has been joined by the specialist shop in Kreuzberg, which boasts a wonderful selection of spirits. From mezcal to gin, cognac to rye whiskey, the range encompasses both trend and niche products. Staff provide expert advice to anyone looking to properly stock their home bar. The store also has a range of exquisite distillates that can be enjoyed on the premises, surrounded by the period decor.

129

KIERZEK

Weitlingstraße 17, T: 525 11 08, Mo–Fr 10–18.30 Uhr, Sa 9–13 Uhr, www.kierzek-berlin.de

Ursula Kierzek führt die Familientradition des Spirituosenhandels fort, die bereits im Jahr 1910 begann. Nahe dem Bahnhof Lichtenberg ist sie jetzt die Chefin von 600 Whiskys, 100 Sorten Rum und 100 Varianten an Gin. Dazu kommen Liköre, Aquavit und Tequila und eine stattliche Auswahl an Miniaturen. Man spürt hier auch ein Stück Berliner Getränkegeschichte. Vielfältige Tastings, zumeist an Freitagen, und sympathische Beratung. Ursula Kierzek gehört zu den Mitinitiatoren des alljährlichen Whiskyherbstes in der Malzfabrik.

Ursula Kierzek is continuing the business of selling spirits, established by her family in 1910. Not far from Lichtenberg train station, she presides over around 600 whiskies, 100 types of rum and 100 different gins. Kierzek also stocks a range of liquors, Aquavit, and Tequila alongside an impressive selection of miniatures. There's a definite feel of history in the air here. Ursula Kierzek, celebrated for her friendly service, also runs a wide variety of tastings, usually held on Fridays, and is one of the co-founders of the annual "Autumn of Whisky" trade show at the Malzfabrik.

BOTUCAL
MANTUANO
PREMIUM DARK MIXING RUM. 40°/80 PROOF
MARY PICKFORD
45 ml Botucal Mantuano
45 ml Ananassaft
5 ml Zitronensaft
5 ml Grenadine Sirup
6 Sprizer Maraschino Liquer
6 Spritzer Dry Vermouth
Alle Zutaten auf Eis kräftig shaken und in ein vorgekühltes Cocktailglas abseihen. Mit getrockneter Ananas dekorieren.
rumbotucal.de
DIPLOMÁTICO
MANTUANO
BOTUCAL
RON · RUM RHUM
RON EXTRA AÑEJO
MANTUANO
PRODUCT OF VENEZUELA - PRODUIT DU VENEZUELA
70 cl

PANORAMABAR DRAUSSEN TRINKEN DRÜBER STEHEN SONNENDECK

/ **ON THE ROCKS, IN THE AIR TONIGHT, BLUE CURAÇAO**

29 | 44 | 45

AMANO BAR

Auguststraße 43, T: 809 41 50, Mo–Fr 17–24 Uhr, Sa+So 16–24 Uhr, wetterabhängig, www.amanogroup.de/de/eat-and-drink/amano-rooftop-bar ♿

Die Hotels der Amano Gruppe legen großen Wert auf eine attraktive Lage und das Flair, über den Dächern der Metropole zu chillen. Was für das Stammhaus in der Auguststraße gilt, stimmt auch für die anderen Adressen wie die G&T Bar im Zoe Hotel und die Apartment Bar im Amano Grand Central am Hauptbahnhof. Loungige Grooves liefern den Soundtrack für ein entspanntes und szeniges Publikum. Serviert werden bewährte Longdrinks wie Moscow Mule, Gin & Tonic und Horses Neck.

The Amano Group hotels set a great deal of store by an attractive location and the undeniable flair of chilling out above the rooftops of the metropolis. This is equally true of both their headquarters in Auguststrasse and their various other locations, such as the G&T bar at Zoe Hotel and the Apartment Bar at Amano Grand Central by the main train station. Lounge grooves provide the soundtrack for a hip but relaxed crowd. Serves tried-and-trusted long drinks like Moscow Mule, Gin & Tonic and Horses Neck.

130

DECK 5

Schönhauser Allee 79, auf den Schönhauser Allee Arcaden, T: 41 72 89 05, tgl. 14–22 Uhr, www.freiluftrebellen.de ♿

Wie spät? Nein, wie warm! 16 Grad müssen mindestens herrschen, damit die höchste Strandbar der Stadt öffnet. Die Location strahlt in der Sommer-Saison perfektes Beach-Feeling aus. Loungemöbel, opulente Sonnenschirme und Zelte, dazu Palmen, statten die Sundowner-Momente über den Dächern von Prenzlauer Berg aus. Daiquiris passen da ideal, abends BBQ.

How late? No! How warm! Temperatures need to hit 16 degrees at least before the city's highest beach bar opens. The location radiates beach vibes during the summer. Lounge furniture, opulent parasols, tents and palm trees provide the ideal backdrop against which to enjoy sundowners overlooking the rooftops. Daiquiris are the perfect drink, in the evenings there's a barbeque.

131

GRACE BAR

Kurfürstendamm 25, im Hotel Zoo Berlin, T: 884 37 770, Mo–Fr 10–24 Uhr, Sa+So bis 1 Uhr, Terrasse Mai–Sept, www.grace-berlin.com ♿

Das Foyer des Hotels ist sehenswert. Verantwortlich zeichnet die Interior-Designerin Dayna Lee, die auch die Rooftop Bar gestaltete. Wie in der Bar im Erdgeschoss setzen auberginefarbene Elemente die Farbtupfer über den Dächern des Kurfürstendamms. Ein eindrucksvolles Panorama der City-West, dazu entspannte Drinks und BBQ. Ein offener Kamin hilft, die Saison zu verlängern.

The hotel foyer is well worth a look. It was designed by interiors expert Dayna Lee, also responsible for the décor of the Rooftop Bar. As in the ground floor bar, sumptuous aubergine toned elements add a dash of colour above the rooftops of Kurfürstendamm. Grace rooftop boasts an impressive panorama of the City West, accompanied by relaxed drinks and a barbeque.

12

MONKEY BAR

Budapester Straße 40, im 25hours Hotel Berlin, T: 120 22 12 10, tgl. 12-2 Uhr, www.25hours-hotels.com/de/bikini/restaurant/monkey-bar.html ♿

Ein Hotspot. An Wochenenden gerne zwischen richtig eng und pickepackevoll, wir empfehlen den frühen Aperitif gegen 17 Uhr. Die Blicke fallen in den Zoo oder auf die Gedächtniskirche. Der Sonnenuntergang ist sensationell. Die Drinks sind souverän gemixt, die Biere fein gezapft, in den Sommermonaten machen die Tiki-karibisch inspirierten Gläser am meisten Freude.

This place is a real hotspot and can get extremely crowded at the weekend, which is why we'd recommend an early aperitif at around 5 pm. Overlooking the zoo and the Memorial Church, the view as the sun goes down is sensational. With expertly-mixed drinks, smooth draught beers and fun Tiki-Caribbean inspired glasses in the summer months.

132

MOTEL ONE UPPER WEST

Kantstraße 163-165, T: 322 93 19 00, So-Do 12-1 Uhr, Fr-Sa 12-2 Uhr, www.motel-one.com/de/hotels/berlin/hotel-berlin-upper-west ♿

Die Bar serviert schlicht: Gin & Tonic. Ein ideales Konzept für eine Design-Hotelkette, das dem Tresenpersonal keine akribische Mix-Höchstleistung abverlangt. Der Blick ist das Famose auf der Terrasse im 10. Stock mit den Regiestühlen. Auf Augenhöhe mit dem Ziffernblatt der Uhr an der Gedächtniskirche und mit einem herrlichen Überblick – da braucht es nicht mehr als G&T.

This bar serves Gin & Tonic – plain and simple. The ideal concept for a design-hotel chain that doesn't require its bar staff to perform any elaborate mixing. The view from the director's chairs on the terrace of the 10th floor is breathtaking. On a level with the clock face of the Memorial Church – there's no need for anything more than a G&T.

133

ROOFTOP TERRACE HOTEL DE ROME

Behrenstraße 37, T: 460 60 90, Mo-Fr 15-23 Uhr, Sa+So 12-23 Uhr, www.roccofortehotels.com/de/hotels-and-resorts/hotel-de-rome

Mondäner kann ein Ausblick kaum sein. Auf dem Dach des ehemaligen Bankgebäudes, heute Hotel de Rome, steht man quasi zwischen der Kuppel der St. Hedwigskathedrale, der Staatsoper, dem Alte Palais Wilhelms I. sowie der königlichen Bibliothek. Der Anspruch der La Banca Bar setzt sich auf dem Dach fort, wo aber auch ein Glas Champagner trefflich zur Aussicht passt.

Flanked by the dome of St. Hedwigs Cathedral, the State Opera House and the former palaces, it's hard to imagine a more glamorous view than that from the roof of this former bank building, which is now the Hotel de Rome. The impeccable standards of the La Banca Bar continue on the rooftop, but a simple glass of champagne also fits perfectly to this stunning view.

46

BIJOU BAR

Monbijouplatz 1, T: 61 62 03 00, tgl. ab 19 Uhr, www.monbijouhotel.com

Die kuschelige Kaminbar wird in den Sommermonaten kurzerhand aufs Dach verlagert. Der Blick ist herrlich: Museumsinsel, Hackescher Markt, Fernsehturm, die berühmten Hinterhöfe. Dazu kommt das tadellose Handwerk des sympathischen Barteams, das sich auf den Dachterrassen vorwiegend den klassischen und kreativen Longdrinks und Highballs widmet.

During the summer, the snug fireside bar relocates to the rooftop. The vista is fantastic – across the Museum Island, Hackescher Markt, the Television Tower and downwards into the famous courtyards of the surrounding area, providing a nice mix of big picture and close-up. The flawless skills of the friendly bar team concentrate mainly on classic and creative long drinks and highballs.

MÄRKISCHER SAND

VON THEO LIGTHART

Eine Bar. Hinter dem Tresen eine Person, mehrere davor – hoffentlich. Gedämpftes Licht, Flaschen im Rückbuffet. Der Alkohol wird meist gemischt gereicht – wenige Elemente ermöglichen eine Fülle von Variationen. Solch minimalistischer Baukasten gepflegter Gastfreundschaft war in seinen Anfängen angelsächsisch geprägt. Heute ist die Bar ein internationales Kulturgut mit regionalen Ausprägungen. Wie würde eine Berliner Interpretation dieses kosmopolitischen Themas aussehen?

Vor einigen Jahren saß ich mit einem Freund aus Paris in einer guten Bar, von denen es damals nur ganz wenige in Berlin gab. Je größer unser Engagement, desto schwieriger wurde die Artikulation. Es ging um Globalisierung. Wir waren uns in den meisten Punkten einig. Wir steigerten uns in einen Wettkampf, wer die schlimmsten Folgen der Globalisierung aufzählen konnte. Mein französischer Freund meinte, die Globalisierung sei auch dafür verantwortlich, dass in Paris Essen und Trinken schlechter werden. Ich konnte ihm bezüglich Paris nicht widersprechen, doch für Berlin sehr wohl.

Es gibt kaum eine andere Großstadt, die in den letzten Jahren so sehr von der Internationalisierung profitiert hat. Diese gegenwärtige Dynamik in Lebensmittelproduktion und Gastronomie wäre ohne Einflüsse von außen undenkbar. Und es sind nicht nur die Betreiber und Macher, sondern auch die internationalen Gäste, die Neuberliner, die zu diesem Quantensprung an kulinarischer Qualität beigetragen haben. Denn das Nacht- und vor allem das Clubleben dieser Stadt ist längst weltbekannt. Wenn auch bis dato nicht so sehr um des Schlürfens exzellenter Cocktails in gepflegter Atmosphäre willen. Dennoch sind die hiesigen Bars längst der Funktion des Vorglühens vor dem Clubbesuch entwachsen.

Im Maschinenraum des Clubs herrscht Ekstase. Lichtblitze, stampfender Bass, zuckende Körper, Marschmusik, Schweiß. 24, 48, 72 Stunden nonstop.

Theo Ligthart ist studierter Philosoph und Konzeptkünstler. Daher betreibt der in Berlin lebende Niederländer auch das Schnapsbrennen konzeptionell-handwerklich. ligthart.de

Lokales Kulturgut einer großartigen Großstadt. Preußischer Hedonismus. Ein Oxymoron wird zum weltbekannten Exportschlager, oder besser gesagt: zum Importschlager. Für Menschen aus allen globalen Provinzen ist das Berliner Nachtleben ein Sehnsuchtsort. Wenn der Club dein weltberühmter und etwas lauter Verwandter ist, ist es schwierig, selbst ins Scheinwerferlicht zu kommen. Auch waren die lokalen Traditionen, das Preußische und auch das Pietistische, nicht immer förderlich. Sinnesgenuss galt als profan und sündhaft. Später wurde jede Verfeinerung des Geschmacks unter den Generalverdacht gestellt, großbürgerliche Ideologien zu fördern. Vielleicht aber hat das lauwarme Bier aus industriell normierten Brauereien, das in der Nachwendezeit in rauen Mengen an rauen Orten getrunken wurde, auch das Bedürfnis nach mehr Genuss, Geschmack und Komplexität geweckt.

Noch immer kommen wichtige Inspirationen für die Berliner Bars von außerhalb. Doch werden dazu nicht unbedingt Landesgrenzen überschritten, häufig sind es die Grenzen zwischen verschiedenen gastronomischen Bereichen. Oder die Grenzen des Genres. Protagonisten aus der Tanzkultur, der Kreativ- oder der Medienwirtschaft betreten plötzlich die Bühne der Bar.

Von den besten Küchen dieser Stadt haben sich einige Bars etwas abgeguckt. Brutal lokal – der Kampfruf für mehr Regionalität in der Küche – wird als Farm-to-Shaker-Idee aufgegriffen und mit Low-ABV-Cocktails (mit geringem Alkoholgehalt) neu interpretiert. Das Handwerk des Barkeepers beschränkt sich hier nicht im kunstvollen Mischen unterschiedlicher Industrieprodukte. Nur wer früher in die Produktion der Ingredienzien eingreift, kann einen wirklich eigenständigen Drink anbieten, der den lokalen Terroir vermittelt, den Traum vom märkischen Sand.

A DELIRIOUS STATE

BY THEO LIGTHART

A bar. One person behind it, more of them in front – hopefully. Dim lighting, bottles glittering on the shelves. Alcohol is mainly served mixed, and just a few elements are needed to produce countless variations. These minimalistic, modular meeting places have their roots in the Anglo-Saxon tradition, but today the bar is an international cultural icon, ornamented in regional idiosyncrasies. So, how would a uniquely "Berlin" interpretation of this cosmopolitan phenomenon look like?

A few years ago, I was sitting with a friend from Paris in a nice bar – mind you, back then there weren't many of those in Berlin. The more time we devoted to our bar-related activities, the less articulate our conversation seemed to become. The topic was globalization. We were mainly in agreement. In fact, we seemed to be competing to see who could compile the lengthier list of globalization's drawbacks. My French friend was of the opinion that Parisian food and drink were getting worse in its wake. I wasn't sure about Paris, but I could certainly disagree for Berlin.

Almost no other large city has benefited so dramatically from the internationalization of the past few years. The current verve and dynamic in the food production and gastronomical industries would have been unthinkable without these foreign influences. And it's not just the owners and operators that have made this quantum leap possible; it's the international milieu – the "new Berliners" who have contributed most to the shift in quality. And for these new residents, we are indebted to our world famous nightlife and club culture, even if it hasn't been wholly conductive to an excellent taste in cocktail culture up to this point. Most of the bars that sprouted up here merely served as places to pregame before hitting the club, but not anymore.

The inner sanctum of the club is ecstasy-ignited: flashing lights, bass lines booming to four-on-the-floor rhythms, sweating, writhing bodies. For 24, 48, 72

Theo Ligthart is a studied philosopher and concept artist. That's why the Dutch living in Berlin also crafts distillery in a conceptional-manual way. ligthart.de

hours, non-stop. That's local culture in this magnificent metropolis. Prussian hedonism. That oxymoron was to become a famous export – or more accurately, a famous import. People fled their provinces the world over to take refuge in the electrifying Berlin nightlife. Standing in the shadows of that thundering, magnetic monolith has not been easy for Berlin's bars, as they try to grapple for a go at the spotlight. And local history – based as it was in Prussian ethics and Lutheran Pietism – hasn't been much of a help either. Sensual pleasure was viewed as profane and sinful. Later on, any type of culinary refinement was cast under suspicion for fomenting bourgeois ideology. But then again, maybe it was the lukewarm beer made in rigidly standardized industrial breweries and guzzled down in depressing quantities at equally depressing bars that first kindled the desire for more pleasure, more flavour and more complexity.

Still, much of the inspirations for Berlin's bars come from outside. That's not to say that it necessarily comes from outside the country – much of the time it's simply hopping the fence between different gastronomical sectors or between different entertainment genres. Well-known protagonists from the dance scene or from the arts and media are suddenly hitting their marks behind the bar. Many bars are taking their cues from some of the city's best restaurants, embracing "brutal-local" or "hyperregional" flavours, including the idea of "farm-to-shaker" and re-interpretting it as low-ABV (alcohol by volume) cocktails. The craftsmanship of the bartender is no longer limited to producing an adept mix of different industrial products. You have to think lower on the production chain to be able to conjure up a truly original drink, conceived of the stuff of the local terrain, and weathered in the dream of sand from the Märkisch-Oderland.

Über den Autor/About the author

Peter Eichhorn kennt die Stadt gut, er war mit ihr trinken. Er ist jener unter den kulinarischen Schreibern und Rechercheuren Berlins, der am entdeckungsdurstigen über das Wesen und Werden des Gebrannten, Gemixten und Gebrauten erzählen kann. Der neugierig an jedem Drink nippt, ein riesiges Wissen hat und sich nie von Schickimicki blenden lässt. Der studierte Historiker moderiert regelmäßig Verkostungen, bewertet als Juror bei Bar-Wettbewerben und hat schon jeden Stein der historischen Berliner Brauereien mindestens einmal umgedreht. Über die spannende und immer spannendere Barszene der Stadt schreibt er etwa für „Mixology", das Magazin für Barkultur, verschiedene Blogs - und seinen eigenen. Peter Eichhorn ist, kurz gesagt, der profundeste Kenner der Berliner Barszene.

Peter Eichhorn knows the city well, in fact, he was out drinking with her. Among the culinary writers and researchers, he is the one to be able to talk with the thirstiest approach in discovery about being and becoming of the distilled, mixed and brewed. To sip every drink curiously, to have a lot of knowledge and to never be blinded by posh. The studied historian is anchoring tastings on the regular, is judging as a jury member at bar contests, and has already turned every brick of the historic Berlin breweries upside down at least once. He is writing about the exciting and even more exciting becoming Berlin bar scene for e.g. „Mixology", the magazine for bar culture, as well as a variety of blogs including his own. Peter Eichhorn, in brief, ist the most profound connoisseur in terms of the Berlin bar scene.

Index/Appendix

Bildnachweise/ Photo Credits

S.8 ullstein bild-ullstein bild; **S.17** ullstein bild/Giuglio; ullstein bild/Weltrundschau; **S.18** akg-images/André Held/Otto Dix/VG Bild-Kunst, Bonn 2018; **S.19** ullstein bild-ullstein bild (2); **S.20** ullstein bild-ullstein bild; ullstein bild/Benzmann; **S.21** ullstein bild-Zentralbild/Wilfried Glienke; **S.22-23** ullstein bild/Günther Metzner; **S.24** Barfknecht/picture-alliance/dpa; imago/Günter Schneider; **S.25** Svea Pietschmann/www.berlin-photo.com/pika media/Pietschmann | Kammerer GbR; **S.26** Christophe Mauberqué/ www.christophemauberque.com (2); **S.38** Lisa Wassmann; **S.39** Nils Krüger/40 seconds group/www.nils-krueger.de; **S.41** Gekko Group/Provocateur; Finest Whisky Berlin; Sahand Zamani; **S.42** Emil Levy z. Schramm; Hotel am Steinplatz; **S.44** Hidden Fortress; **S.45** Camille Blake; **S.47** Stephan Lemke for 25hours Hotels; Philipp Külker; **S.48** Patricia Schichl; **S.52** Steve Herud/Das Stue; **S.55** Victoriabar (2); **S.56** Hyatt International Corporation/Philipp Hoffmann; **S.58** Chris Cypert; Jule Felice Frommelt; **S.61** Dejan Spasovski; **S.63** Presse/Zoulou Bar; **S.64** Oliver Mannal/Jansen Bar; **S.68** Jens Bösenberg/Whitelight Studio GmbH; **S.69** Stjepan Sedlar/Bar Tausend; **S.71** Hotel Adlon Kempinski; **S.72** Günter Windhorst; **S.77** Dirk Lange; **S.79** Blende Berlin/Oliver Reiprich; Max Kißler 2016, Berlin; **S.80** Paulysaal/Bobbi Kay Justin Powell/ Ubin; **S.81** Stjepan Sedlar; **S.82** Jens Bösenberg/ Whitelight Studio GmbH; **S.83** FOTOOLYMP/Monbijou Hotel; **S.85** Becketts Kopf; **S.87** Nils Krüger/www.offenblen.de; **S.88** Kai von Kotze; **S.91** Fremder/ Küche Bar; **S.92** Galander; **S.93** Florian Hedderich; **S.95** Photo Ninjas / Sofie Strieder / 2018 (2) **S.98** Lili Kirchmann; **S.99** Prinzipal Kreuzberg; **S.101** Irene Wissel/Die Apotheken Bar; Fahimi Bar; **S.104** Chirus Guder; **S.105** Homes Bar/Doreen; **S.107** Geist im Glas; **S.108** Kai von Kotze; **S.111** Andi Weiland/www.andiweiland.de; **S.113** CSA Bar; **S.114** Martin Strauss; **S.116** Michelberger Hotel; **S.117** Chapel; **S.121** Tabea Mathern (2); **S.122** Georg Roske; **S.123** SOLAR, Berlin/ Farbrausch GmbH; **S.127** Frederik Ferschke/ Stone Brewing; **S.129** Ole Heinrich; **S.130** Protokoll Berlin/Grigory Malaev; **S.132** Sam Coleman; Philipp Arnoldt Photography/Straßenbräu; **S.135** Nicola Sessa; **S.136** Clemens Niedenthal; **S.141** Karina Aviva Benjamin; **S.142** White Kitchen; **S.147** Preussische Spirituosen Manufaktur; **S.149** Dr. Kochan Schnapskultur; Galander; **S.153** Stjepan Sedlar; **S.154** Ralf Wendrich/BMH Gastro; **S.160** Natalia Kepesz

Impressum/ Imprint

Herausgeber / Publisher
GCM Go City Media GmbH
Paul-Lincke-Ufer 42/43, 10999 Berlin
Tel. 030 - 695 665-50
E-Mail: info@gcmberlin.de
Amtsgericht Berlin-Charlottenburg:
HRB 150855 B
UST-ID-Nr. DE 290376398

Geschäftsführung / Managing Director
Robert Rischke

Chefredaktion / Editor in Chief
Stefanie Dörre (V.i.S.d.P.)

Chef vom Dienst / Managing Editor
Natalie Moritz

Texte / Texts
Peter Eichhorn unter Mitarbeit von
Martina Marx und Clemens Niedenthal

Redaktion / Editorial Staff
Stefanie Dörre, Clemens Niedenthal, Robin Thießen

Übersetzung / Translation
Kristina MacVicar, Devin Martini, Robin Thießen

Grafik / Design
Jonas Schulte (AD),
Tobias Meyer (Bildbearbeitung), Viet Hoa Le (Karten)

Bildredaktion / Photo Department
Tamara Dauenhauer

Anzeigenleitung / Ad Sales Management
Robert Rischke

Anzeigenverkauf / Ad Sales
Juliane Naßhan-Kunert (Ltg. national),
Johannes Nielsen, Valérie Wesp (Ltg. regional)

Anzeigendisposition / Ad Disposition
Bianca Haas (Ltg.), Heike Korge, Peter Redetzki,
Barbara Ruff, Signe Sachweh

Marketing und Vertrieb / Marketing and Sales
Stefan Sauerbrey (Ltg.), Ulrike Murach,
Jolanda Roskosch, Rosanna Steppat

Druck / Printing
Möller Druck und Verlag GmbH

Redaktionsschluss / Editorial Deadline
26.2.2018

ISBN
978-3-946631-01-9

www.tip-berlin.de www.zitty.de